四川省凉山彝族自治州第三次全国文物普查成果丛书

# 凉山历史碑刻注评

凉山彝族自治州博物馆
凉山彝族自治州文物管理所　编著

文物出版社

封面摄影　马玉萍

封面设计　张希广

责任印制　陆　联

责任编辑　李克能

图书在版编目（CIP）数据

凉山历史碑刻注评/凉山彝族自治州博物馆编著.
—北京：文物出版社，2011.8
ISBN 978-7-5010-3252-5

Ⅰ.①凉…　Ⅱ.①凉…　Ⅲ.①碑刻-汇编-凉山彝
族自治州　Ⅳ.①K877.42

中国版本图书馆CIP数据核字（2011）第178118号

# 凉山历史碑刻注评

| | | |
|---|---|---|
| 编　　著 | 凉山彝族自治州博物馆 | |
| | 凉山彝族自治州文物管理所 | |
| 出版发行 | 文物出版社 | |
| 地　　址 | 北京市东直门内北小街2号楼 | |
| 邮　　码 | 100007 | |
| 网　　址 | http://www.wenwu.com | |
| 邮　　箱 | E-mail：web@wenwu.com | |
| 制版印刷 | 北京燕泰美术制版印刷有限责任公司 | |
| 经　　销 | 新华书店 | |
| 开　　本 | 889×1194　1/16 | |
| 印　　张 | 16.5 | |
| 版　　次 | 2011年8月第1版 | |
| 印　　次 | 2011年8月第1次印刷 | |
| 书　　号 | ISBN 978-7-5010-3252-5 | |
| 定　　价 | 138.00元 | |

本书的出版得到"凉山彝族自治州民族文化研究基金"的资助，特此致谢！

# 序

四川省文物局局长　　王　琼

　　新中国成立以来，在党和政府的高度重视下，我国已先后开展了三次规模宏大的文物普查。上世纪八十年代的全国第二次文物普查结束后，四川初步奠定文物大省的地位。自2007年4月国务院发出开展第三次全国文物普查的通知以来，全省广大文物工作者团结一心、众志成城，克服重重困难，历经三年多的艰辛努力，园满完成了第三次文物普查一、二阶段的任务，从而进一步夯实了四川文物大省的地位。

　　四川凉山彝族自治州是全国最大的彝族聚居地，也是我省文物资源较为富集的地区之一。此次文物普查，凉山州博物馆采取统一组织和集中普查的方式，充分利用四川省文物考古研究院、四川大学文博学院等专业团队的力量，共登记不可移动文物6552处，其中新发现5964处，不仅全面摸清了本辖区内的文物资源家底，而且在对全州第三次全国文物普查资料进行整理研究的同时，编辑出版了《凉山历史碑刻注评》。这既是凉山州第三次全国文物普查的重要成果，也为下一步全省文物普查成果的公布、展示摸索出了一条行之有效的路径。在此，我代表四川省文物局向凉山州博物馆的同志们为此书付出的辛勤努力表示衷心感谢！同时也希望全省还会有更多像《凉山历史碑刻注评》这样的第三次全国文物普查成果陆续问世和出版。

　　《凉山历史碑刻注评》精选了本州历史碑刻110通，对每通碑刻的尺寸、石质、出土地点、保存现状进行了详细说明，同时还对其碑文进行了标点断句和注释短评。该书所收录的碑刻，时间跨度大，碑文内容丰富，从各个角度反映了凉山两千多年历史的方方面面，广大读者由此也可详细了解凉山历史的许多细节，包括许多不见于历史文献的宝贵史料。《凉山历史碑刻评注》史料翔实，图文并茂，装帧精美，为需要了解凉山历史的人们提供了十分重要的文献资料，具有较强的欣赏性和可读性，故特之为序。

# 序

四川省凉山彝族自治州副州长　　　杨朝波

当历史的烟云散去之后，总会留下一些历史的片段，为后人了解人类的过去开启许多大大小小的窗口。

历史碑刻就是这样的一些片段，凉山州博物馆主编的《凉山历史碑刻注评》经过州博物馆的文物工作者们数年的努力，终于问世了。《凉山历史碑刻注评》从分布于凉山州十七个县市的上千通历史碑刻中精选了110通，碑刻的时间跨度近两千年，内容涉及凉山的历史沿革、民族关系、土司源流、行政法规、官衙机构、诉讼程序、移民屯田、田价粮价、乡规民约、交通设施、水利建设、军事征讨、自然灾害、宗法制度、宗教活动、书院院规、市场管理、商业贸易等林林总总诸多方面，是一本能从各个方面反映凉山的历史和文化的教科书。

当翻开这本厚厚的书籍，它会带领我们一步步走进凉山的历史。对于历史，我们不能持浮光掠影、走马观花的态度，而应该深切地去接触它、领会它。只有如此我们才能了解我们的过去，让我们的心中充满民族自豪感，内心充实地走向我们的未来。

凉山州是四川省的文物大州，历史悠久、文物众多。凉山又是我国最大的彝族聚居区，全州彝族人口244.52万，不但凉山的彝文化是中国彝文化的重要组成部分，凉山彝族的历史、凉山的历史也是中国彝族历史和中国历史的重要组成部分。

全国第三次文物普查如火如荼地在凉山州六万平方公里的土地上开展，我州的文物工作者们发现和调查了六千余处不同时期、不同类型的文物，其中的历史碑刻就是这次文物普查工作中的一项重要收获，也是祖先留给我们的宝贵财富。

《凉山历史碑刻注评》是我州全国第三次文物普查的重要成果，也是凉山的文物研究和哲学社会科学研究的重要成果，它的出版面世必将为今天的人们了解凉山悠久的历史和文化提供很大的帮助。

# 目　录

# 前　言

## 宝贵的文物　石刻的史书

刘　弘　唐　亮

　　我国碑刻的出现，迄今已有二千多年。历史上有名的碑刻不胜枚举，如汉代的曹全碑、孟孝琚碑、樊敏碑；南北朝的大、小爨碑；唐代的王仁求碑、大昭寺碑；宋代的绛州重修庙记碑；元代的元世祖平云南碑；明清的著名碑刻更是多若繁星。

　　虽然石头坚硬，被人们选择来作为刻碑的材料，希望能留示后人，达到"刻之琰珉，以垂永久"的目的，但历史岁月对碑刻的磨泐还是违背了人们的初衷，数不尽的碑刻因为自然的风化剥蚀、人们活动有意无意的破坏，正在逐渐地从我们的视野中消失。

　　凉山州是四川省的文物大州，历史悠久，文物众多。第三次全国文物普查正在凉山州十七个县市六万平方公里的土地上开展，文物工作者们在普查工作中发现了数千处不同时代不同类型的文物，其中的历史碑刻，是这次文物普查工作中的一项重要收获，这不但是凉山州的宝贵财富，也是中华文化的宝贵财富。今天我们选择其中的一部分，汇集成册，加上简短的注释和短评，希望能给后人留下一笔凉山的历史文化遗产，这是我们的工作，也是我们的责任。

　　凉山的历史十分悠久，早在新石器时代便有人类生息在这片土地上，先秦时期凉山是"西南夷"的两支大民族"邛"与"笮"的主要分布区。

　　历史文献记载，秦代曾在"西南夷"设置郡县，后因秦灭而废。

　　西汉初期，汉武帝因"蜀人司马相如亦言西夷邛、笮可置郡。使相如以郎中将往喻，皆如南夷，为置一都尉，十余县，属蜀。"其后汉武帝再开西南夷，于元鼎六年（公元前111年）置越嶲郡。越嶲郡领邛都、台登、苏示、遂久、零关道、定笮、会无、笮秦、大笮、姑复、三缝、阐、卑水、青蛉、灊街十五县，其中郡治邛都和大部分县都在今凉山州境内。

　　新莽时期曾短期改越嶲郡为"领戎"，后又改"集嶲"。

　　东汉初，公孙述踞蜀，在凉山地区保留了越嶲郡的行政建制。

　　东汉光武帝建武十二年（公元36年），遣吴汉伐蜀，公孙述败亡，地方建制复西汉旧制，仍置越嶲郡。

　　公元221年，刘备在成都即皇帝位，史称蜀汉，在凉山仍置越嶲郡。后主建兴三年，蜀汉丞相诸葛亮南征后曾派张嶷任越嶲郡太守。

　　西晋武帝咸宁六年（公元280年）统一全国，仍置越嶲郡。

　　西晋惠帝太安二年（公元303年）巴氏族首领李特在成都建立成汉政权，并于咸和九年（公元

334年）从西晋手中夺取了越嶲郡，其时分宁州置汉州，越嶲郡属汉州。汉兴元年（公元338年）属安州，五年（公元342年）罢安州，越嶲郡仍还属益州，郡治会无县（今凉山州会理县）。

东晋穆帝永和三年（公元347年）桓温伐蜀灭成汉，益州复为晋有。仍置越嶲郡，属益州（其间曾改称宁州），郡治会无县。

东晋恭帝元熙二年（公元420年），刘裕代晋称帝，国号"宋"，史称刘宋。仍置越嶲郡，属益州，郡治邛都。

南齐代刘宋（公元479—502年），所属郡县多沿两晋、刘宋旧制，其中越嶲郡改称越嶲獠郡，县无载。

萧梁代齐（公元502—557年），梁前期越嶲郡建制无载。梁武帝大同二年（公元536年）武陵王萧纪治蜀，重开越嶲郡，越嶲獠郡改为嶲州。简文帝大宝年间（公元550—551年）后荒废，不久为云南爨氏所据。

西魏有蜀仅五年（公元553—557年），嶲州仍为爨氏所据。

北周尽有西魏属地，周武帝保定五年（公元565年）置西宁州。天和三年（公元568年）十二月，大将军郑恪率师平越嶲，天和五年（公元570年）再置西宁州，旋改为严州。

隋初沿北周旧制。隋文帝开皇六年（公元586年）改严州为西宁州，十八年（公元598年）又改为嶲州，炀帝推行郡县二级制，大业三年（公元607年）罢嶲州，改置越嶲郡。

唐高祖武德元年（公元618年）改隋越嶲郡为嶲州。三年（公元620年），于嶲州置总管府。四年（公元621年）升为嶲州都督府。玄宗天宝元年（公元742年）又改州为郡，越嶲郡仍为都督府。

唐玄宗天宝十五年（公元756）年爆发安史之乱，吐蕃伺机联合南诏侵犯嶲州，"越嶲固拒被戮，会同请降无害"，会同（今会理）被南诏攻陷后，南诏在会同设置会川都督府，作为统治大渡河南岸广大地区的大本营。

至德二年（公元757年）唐分剑南为东、西川节度，复置越嶲郡，属剑南道西川节度。同年，吐蕃南诏再次联合侵犯，"越嶲再扫，台登涤除"，越嶲县、台登县均被攻陷。此时，嶲州之绝大部分被吐蕃与南诏占据，两家以阳篷岭（今会理县甸沙关）为界，吐蕃占其北境，南诏占其南境，但吐蕃在占领区未设政区。

贞元十年（公元794年），南诏与吐蕃决裂，南诏击败吐蕃，势力扩大至大渡河南岸。

贞元十三年（公元797年），唐剑南西川节度使韦皋收复嶲州，在安宁河谷地区复置越嶲、苏祁、西泸等旧县，隶剑南西川节度管辖。

文宗大和五年（公元831年），南诏再犯嶲州，攻占越嶲、苏祁等县。明年，嶲州治地迁往台登。台登以南为南诏所据。

咸通五年（公元864年），南诏攻占台登。其后，于州治越嶲县城外筑建昌城，于城北置三阜城，于苏祁县置笼么城（一名甸头城），于西泸县置沙野城，皆属会川都督所辖，以加强对安宁河谷地区的控制。

咸通十四年（公元873年），南诏掠地至大渡河南岸，至此，南诏占据大渡河以南嶲州全境。

唐昭宗天复二年（公元902年），南诏重臣郑买嗣篡权，建"大长和"国，其后历经赵善政所建的"大天兴"、杨干贞的"大义宁"，至段思平所建的"大理"国，它们在凉山地区沿袭南诏的行政建制，基本无变化。

北宋绍圣元年（公元1094年），大理权臣高明量篡权，建"大中"政权。第二年，高明量之子高量成继位，复立段氏为君，但虚拥名位，史称"后理"国。後理国废会川都督，分别置会川府和建昌府，直接由後理政权管辖。建昌府治原建昌城。《元史地理志》"建昌路"条称，建昌诸酋争强不下，分地为四而推段兴为长之后，"其裔浸强，遂并诸酋，自为府主，大理不能制"。段氏族人统治凉山地区一直到了元代。

元至元十二至二十七年（公元1275—1290年）以大理国之建昌府、会川府地分置建昌路、德昌路、会川路、柏兴府，设罗罗斯宣慰司以总之，治地在今西昌市。

明太祖洪武二十七年（公元1394年）在凉山置四川行都指挥使司，领五卫、八所、五长官司。五卫即建昌卫军民指挥使司、宁番卫军民指挥使司、盐井卫军民指挥使司、越巂卫军民指挥使司、会川卫军民指挥使司；八所即守御礼州后千户所、守御礼州中中千户所、守御打冲河中前千户所、守御德昌千户所、守御冕山桥后千户所、镇西后千户所、守御打冲河中左千户所、守御迷易千户所；五长官司即昌州长官司、威龙州长官司、普济州长官司、邛部长官司、马喇长官司。

清顺治初，因明制。雍正六年（公元1728年）改建昌卫为宁远府，以会理州来属，并置西昌、冕宁、盐源三县，越巂一厅隶之。宣统元年（公元1909年）增置盐边厅，宣统二年（公元1910年）又增置昭觉县。至此，宁远府领有州一、厅二、县四、巡司一、土司十一。即会理州；越巂厅、盐边厅；西昌县、冕宁县、盐源县、昭觉县；迷易所巡司；威龙州长官司、普济州长官司、昌州长官司、河东长官司、阿都正长官司、阿都副长官司、马喇长官司、沙麻宣抚司、瓜别安抚司、木里安抚司、邛部长官司。

民国初年，凉山分属建昌道和永宁道。1935年，凉山西部各县属四川省第十八行政督察区，东部雷波、马边、峨边三县属第五行政督察区。1939年成立西康省，称宁属。

解放后，人民政府在今凉山州的东部和北部设置凉山彝族自治州，西部和南部设西昌地区。1978年，经国务院批准撤消西昌地区，并入凉山彝族自治州，自治州州府从昭觉迁至西昌。现在的凉山彝族自治州辖有西昌市、甘洛县、越西县、喜德县、冕宁县、德昌县、雷波县、美姑县、昭觉县、金阳县、布拖县、普格县、宁南县、会东县、会理县、盐源县和木里藏族自治县十七个县市。

需要加以说明的是，从汉至清，中央王朝或地方政权（如蜀汉、成汉、南诏、大理）对凉山地区的统治与管辖都很难包括全部区域，因为凉山自古就是一个多民族地区，凉山的许多民族长期以来都不同程度地保持了自己政治和文化上的独立性，如东汉末至三国时期的叟人、摩莎夷；唐代的东蛮三部落；元代的马湖十六部；明清时期的彝族、藏族、回族等，凉山的土司制度从元至清也保持了数百年。

本书收集的历史碑刻从东汉到民国，时间跨度近2000年，碑刻的内容十分丰富，涉及历史沿革、民族关系、土司源流、行政法规、官衙机构、诉讼程序、移民屯田、田价粮价、乡规民俗、交通设施、水利建设、军事征讨、自然灾害、宗法制度、宗教活动、书院院规、市场管理、商业贸易等林林总总诸多方面。

虽然本书收集的大部分为明清时期的碑刻，由于现在人们知识结构的改变，特别是年轻人的古文化基础知识和古文阅读能力普遍比较欠缺，识读历史碑刻已经形成了较大程度的语言文字障碍。为了使广大读者更好地了解凉山历史碑刻丰富的历史文化内容，我们对碑文进行了简单的句读和注释，注释的内容主要包括凉山各县的沿革变化、古地名、古族名，也包括部分常见的古代职官制度、行政制度等中国古文化基础知识，并对碑刻的历史背景作了短评，希望能以凉山的历史碑刻为载体，从各个方面向读者介绍凉山的历史和文化。

2000多年的历史长河沉淀下了无数的历史片段，历史碑刻就是这些片段中的宝贵部分，它们是凉山各族先民留给我们的宝贵财富，值得我们细心地阅读它，专心地研究它，精心地保护它。

# 汉代碑刻

## 1. 光和四年石表

**形制**：长条梯形，横断面呈长方形。
**尺寸**：高166、上部宽64、厚37.5厘米；下部宽75、厚44厘米。
**石质**：红砂石
**年代**：东汉灵帝光和四年（公元181年）
**地点**：一九八三年出土于昭觉县好谷乡，现存昭觉县图书馆。
**表文**：

### 表　阳

领方右户曹史[1]张湛白前换苏示有秩[2]冯佑转[3]为安斯有秩[4]庚子诏书[5]听转示部为安斯乡有秩加书与五官掾[6]」司马蔫议请属功曹[7]定入应弓时簿[8]下督邮[9]李仁邛都[10]奉行言到日见草○行丞事[11]常如掾○主簿司马追省」府君教诺○正月十二日乙巳书□昌延口○光和四年正月甲午朔十三日丙午越巂太守张勃[12]知丞事大张□」使者[13]益州治所[14]下三年十一月六日庚子○长常叩头死罪敢言之」诏书听郡则上诸安斯二乡复除[15]□齐□乡及安斯有秩诏书即日□□□劝农督邮书掾[16]李仁邛都奉行」勃诏□诏州郡□□□死罪敢言之○□□□□□下庚子诏书即日理判也」三月十四日丙午诏书太守勃行于东大官守长常叩头死罪敢言之○」使者益州□□□□治□□□□言□□高官□□诏书即日始君迁里□□□□」□□□等十四里○将十四里丁众[17]受诏高米立石表师[18]齐驱字彦新。

### 表　侧

越巂太守丞掾[19]奉书言□□常口都□□□□□光和四年正月甲午朔十三日□□□□□□」□□大官守长常[20]□部曲[21]部劝农督邮书掾李仁邛都□□□于诏书书到奉行务□□□□□□□诏书□」□真□湛书佐[22]延主。

**注释：**

[1]　领方右户曹史　"领方"一词不见于史书，从字面看，应是执掌地方事务的一种官职。《周礼·夏官》有职方氏，掌天下之地图，主四方之职页。领方即主持某一地区职页的官吏。户曹为郡县设的管理民户、祠祀、农桑、钱粮、赋税的机构。户曹史为户曹小吏。

[2]　苏示有秩　苏示，县名，汉越巂郡属县，在今四川西昌市北之礼州。《后汉书·地理志》："越巂郡县十五，苏示。"有秩，秦汉时官名。《汉书·百官公卿表》："乡有三老，有秩、啬夫、游徼"。苏示有秩即苏示县某乡有秩。

[3]　转　转为转官的简称，从内容看，有调转之意。

[4]　安斯有秩　从石表全文看，安斯有秩即邛都县安斯乡有秩。

[5]　庚子诏书　即庚子日所下诏书，这种诏书，当时称"五曹诏书"。汉时诏令皆奏可施行。成帝初，置尚书员五人之，故谓之五曹诏书。见《后汉书·应劭传》注。

[6]　五官掾　为郡县属吏。《后汉书·百官志》本注曰："（郡）诸曹略如公府曹，无东西曹，有功曹史，主选署

功劳。'有五官掾，署功曹及诸曹事，"五官掾一名廷掾。

[7]　功曹　汉官名。为郡、县属吏，主选署功劳。

[8]　时簿　意为按时管理的文书簿记，汉时州县皆设主簿。人事、财货皆有簿籍，"时簿"指按时记录入簿。

[9]　督邮　汉时为郡之佐吏，掌监属县，主督察署官愆尤。《后汉书·何敞传》注："督邮，主司察愆过。"

[10]　邛都　县名，西汉武帝元鼎六年置。《汉书·地理志》："越巂郡县十五，邛都"，在今四川西昌市，为汉越巂郡治所在地。

[11]　行丞事　汉代制度，长官有缺，按例由佐官中地位最高者代行其事，谓之"行事"，简称为"行"。郡有郡丞，《后汉书·百官志》："每郡置太守一人，二千石，丞一人。郡当边戍者丞为长史"。"行丞事"即由某佐官代行郡丞之事。

[12]　越巂太守张勃　越巂，郡名，本汉西南夷邛都之地。《汉书·地理志》称："越巂郡，武帝元鼎六年开。户六万一千二百八，口四十万八千四百五。县十五：邛都、遂久、灵官道、台登、定筰、会无、筰秦、大筰、姑复、三缝、苏示、阑、卑水、潜街、青蛉"。太守，官名，秦汉时期郡的最高行政长官。秦代治郡之官曰守，汉改称太守。张勃之名，不见于史传。

[13]　使者　汉代称州郡长官为使君，也称使者。

[14]　益州治所　指汉益州郡治所而言。《后汉书·郡国志》："益州郡，武帝置，故滇王国"。

[15]　复除　指免除其赋役。《汉书·高惠高后文功臣表》："(宣帝)诏令有司，求其子孙，咸出庸保之中，并受复除，或加以金帛，用彰中兴之德。"

[16]　劝农督邮书掾　督邮书掾即督邮，《后汉书·百官志》云："其监属县有五部督邮曹掾一人。""曹"当为"书"之误。"劝农"见《后汉书·百官志》："(县)五官为廷掾，监乡五部，春夏为劝农掾，秋冬为制度掾"，则督邮书掾加"劝农"职称，是临时任命的掾吏。

[17]　十四里丁众　里为乡以下的地方政权组织。《后汉书·百官志》："里有里魁，民有什伍，善恶以告。本注：里魁掌一里百家、什主十家、伍主五家，以相检察，民有善事、恶事，以告监官。"十四里指上诸、安斯二乡的十四个里，丁众指丁的群众。汉制，男十八为丁。

[18]　师　即匠师、工师的简称，指刻制石表的人。

[19]　太守丞掾　《后汉书·百官志》："每郡置太守一人，二千石，丞一人。郡当边戍者，丞为长史"。注引《古今注》曰："建武六年三月，令郡太守、诸相病，丞、长史行事。十四年，罢边郡太守丞，长史领丞职。"太守丞掾，当是太守丞属官。

[20]　大官守长常　大官即太官，秦汉时有太官令丞，掌膳食之事，属少府。此郡县太官守，疑即管膳食之职，长常即张常。

[21]　部曲　《后汉书·百官志》云："其领军皆有部曲，大将军营五部，部校尉一人……部下有曲，曲有军候一人"，部曲为军队编制之称，或为军队士兵代称。

[22]　书佐　汉代州郡属官皆有书佐，职主起草和缮写文书。


**短评：**

　　光和四年石表主要记载了东汉光和四年，越巂郡太守任命苏示县有秩冯佑为邛都县"安斯乡有秩"、还有"复除"上诸、安斯二乡赋役及有关当地乡、里等组织内容，其命令有的是以"五曹诏书"的形式，由劝农督邮书掾李仁下达，这座石表是邛都县安斯乡十四里丁众所立。石表文字是当时公文的事由摘要，每条摘要除了第一段句首无符号外，其它各段均有"〇"作为句首符号以示区别，这种情况，陈梦家先生在《汉简缀述》由实物所见汉代简册制度中，认为是章句号。这在古代石刻文书中是少见的。而表文体例在我国古代金石刻辞中是第一次发现，它不但对研究凉山地区历史具有重要意义，而且对汉代乡里组织、公文、书法的研究，也具有重要价值。

1. 光和四年石表

## 2．初平二年残碑

**形制**：长方形，上有一公榫，下部残。

**尺寸**：残高75、宽69.5、厚26.5厘米。

**石质**：红砂石

**年代**：东汉献帝初平二年（公元191年）

**地点**：一九八八年出土于昭觉县好谷乡，现存昭觉县图书馆。

**碑文**：

### 碑　阳

……辛酉朔十六日丁酉越嶲太守臣……[1]」顿首顿死罪死罪臣谨案文书……[2]」真利仇吴封操牛一头钱五千……[3]」防禁夫妻父子……」答赐慰劳效用颁示因……」事从□路□各……」捉马房种攻没城邑[4]方□精……」冲要为诸郡国[5]……」百人以为常屯……[6]」二百人……」马□□□□□□□宗亲……」二乡缘此……[7]」队食汉民治水……[8]」书赐复除……[9]」有斯叟备路障……[10]」伤感郡□□检……」使臣□日□□□□除斯□种平常所……」丁男给宅[11]□□□□□□□缮治邮亭……[12]」听□□□□慰里□□□检□租朱利……」

**注释：**

　　[1]　辛酉朔十六日丁酉越嶲太守臣　查陈垣先生《二十史朔闰表》，初平二年十二月的干支为"辛酉"，据此可推知该句完整句型应为"初平二年十二月辛酉朔十六日丁酉越嶲太守臣"。越嶲太守即越嶲郡太守。越嶲郡，《汉书·地理志》称："越嶲郡，武帝元鼎六年开……，县十五：邛都、遂久、灵关道、台登、定筰、会无、筰秦、大筰、姑复、三绛、苏示、阑、卑水、潜街、青蛉。"太守，汉代郡一级的最高行政长官。

　　[2]　顿首顿死罪死罪臣谨案文书　后句缺一"首"字。此句型为汉代地方官吏向皇帝所上奏牍的标准格式。

　　[3]　真利仇吴封操牛一头钱五千　真利仇、吴封操当为人名，后句可能讲的是当时当地牛的价格。1966年，在四川郫县犀浦出土了一通东汉残碑，蒙默先生认为碑上碑文内容为"资簿"，犀浦残碑上刻有当时的房屋、田地、奴婢和牛的价格。如"婢小奴生，并五人，直廿万，牛一头，万五丁"，可作参考。

　　[4]　捉马房种攻没城邑　捉马为东汉时期主要分布于越嶲郡北部的一支少数民族。据《三国志·蜀书·张嶷传》载："除(张)嶷为越嶲太守……北徼捉马最骁劲，不承节度，嶷乃往讨，生缚其帅魏狼，又解纵告喻，使招怀余类，表拜狼为邑侯，种落三千余户皆安土供职。诸种闻之，多渐降服。"东汉越嶲郡的北部在今大渡河一带，捉马应分布在这一地区。

　　[5]　冲要为诸郡国　汉代从成都到益州的交通要道有两条，一是经宜宾、昭通、曲靖而至滇中的"五尺道"，一是经邛崃、雅安、西昌，楚雄而至滇西的"零关道"，（东汉末又称"牦牛道"）。牦牛道从东汉中期便被"捉马房"阻断，南下之道改由安上(今新市镇)经雷波、美姑、昭觉而至西昌。石碑出土处昭觉好谷正位于此通道上，控扼安上至邛都(今西昌)之咽喉要冲，确为"冲要"之地。

　　[6]　百人以为常屯　汉代开发边郡，必在战略要地、交通枢纽及交通干线上派兵驻守。因路远道险，面临"千里负担馈粮，率十余钟致一石"的困难，便采取让兵士在驻地附近开荒种粮的方法以解决驻军的供给，这种方法被称为"军屯"，屯田的士兵被称为"屯田卒"。越嶲郡为当时的边郡，也驻有屯田卒，结合第十行有"二百人"字句，可能当时的军屯是以二百人为一个单位的。

　　[7]　二乡缘此　光和四年石表有上诸安斯二乡语，上诸、安斯皆乡名。此二乡皆应在好谷一带。所谓"安斯"，

此地当有斯叟居住。

[8] 汉民治水 水灾是农耕民族的大患，故治水历来是朝廷和官府的大事要事。西南地区本无汉民，从汉开西南夷后才有大量汉移民逐渐迁入，成为汉王朝在西南地区的主要统治民。整个两汉时期，汉王朝对当地少数民族采取的是羁縻统治，对少数民族的统治力度有限，所以，大凡朝廷和官府在这些地区进行的主要生产性活动，如治道、治水等，主要依靠的还是汉移民。

[9] 书赐复除 复除是汉代的一种政策，即免除国家赋税与徭役，所谓"书赐"，即必须由皇帝下诏书颁布。

[10] 有斯叟备路障 斯叟是西南地区的一种少数民族，又被称为斯史、斯都、斯或叟，有些文献又写作傻。叟人在东汉时期十分活跃，频见于文献。越巂郡乃叟人聚居之地。东汉末年越巂郡的叟人常反抗朝廷官府，攻打城邑，阻断交通。

[11] 丁男给宅 汉制，男子十八岁为丁。汉代徙民实边有一套完整制度，《汉书·晁错传》中讲得比较清楚："臣闻古之徙远方以实广虚也，相其阴阳之和，尝其水泉之味，审其土地之宜。观其草木之饶，然后营邑立城，制里割宅，通田作之道，正阡陌之界，先为筑室，家有一堂二内门户之闭，置器物焉，民至有所居，作有所用，此民所以轻去故乡而劝之新(邑)也。"由政府建造房宅安置移民（即给宅）乃汉代移民措施之一。

[12] 缮治邮亭 邮亭是秦汉时期由国家设置在官道上的交通设施。邮是传递文书的专门机构，邮的设置是"五里一邮，邮人居其间，相去二里半"，邮的人员称"邮卒"。 亭是汉代的基层行政组织，也是可供旅客止宿的交通设施。亭的负责人称亭长，"邮"与"亭"的功能有重合之处，故文献上常"邮亭"并称，汉代在西南地区的交通要道上也设置有邮亭。由于邮亭对于交通与通讯具有重要的作用，官府也经常对邮亭进行修缮。

## 碑 侧

尚书[1]十二月十六日丁酉越巂大守[2]行丞事」司空府[3]」初平三年五月
戊子朔廿七日甲寅越巂太守[4]下护」工……礼部斯叟□事□□司□□□邛都」……丘□□李政□郡
□□□□禄亲……」……亲□通□□□□□□□西……」

**注释：**

[1] 尚书 据《隶释》洪适注《鲁相史晨祠孔庙奏铭》曰："此(指《史晨碑》)亦奏牍，乃云上尚书者，郡国异于朝廷，不敢直达帝所，因尚书以闻也。"所以凡郡国官吏给皇帝上的奏牍皆书"尚书"二字，相同者还有《樊毅复华下民租田口筭碑》和《无极山碑》。初平二年石碑的碑文内容为越巂郡太守给皇帝上的奏牍，故亦采用相同格式。

[2] 十二月十六日丁酉越巂太守 将此行文字与碑面第一行文字相映证，此"十二月"应为初平二年十二月。

[3] 司空府 《后汉书·百官志》："司空……掌水土事，凡营城起邑，浚沟洫，修坟防之事，则议其事，建其功"。颜师古注《汉书》曰："司空主作役官"。初平二年碑公示的是越巂太守的奏牍，立碑为公事，故由司空总其责。

[4] 初平二年五月戊子朔十七日甲寅越巂太守 此行文字为次年所刻，应劭《风俗通仪》云："光武中兴以来，五曹诏书题乡亭壁，岁补正，多有阙误。"说明此类石碑上的文字是多次镌刻上去的。

**短评：**

初平二年残碑与光和四年石表均出土于昭觉县好谷乡，位于东汉从安上通往邛都的大道侧。西汉武帝时开发西南夷，将早已在民间存在多年的"南方丝绸之路"开辟为官道。南方丝绸之路从成都出发即分为东西两道，东道经彭山、乐山、宜宾、昭通、曲靖西向到昆明，此道宜宾一段被称为"僰道"，昭通至曲靖一段称为"五尺道"；西道经邛崃、雅安、汉源、西昌、会理、楚雄，此道被称为"零关道"，东汉末又称"牦牛道"。东西两道在云南驿附近汇合后再向西行，称为"博南道"，东汉又称"永昌道"，经大理、保山、德宏出境到缅甸八莫，再通向印度。零关道与五尺道之间有道相连，即从安上（今新市镇）到邛都（今西昌）的东西穿越大凉山的大道，唐代称为"沐川道"。特别是东汉中后期之后，活动在大渡河一带的"捉马虏种"阻断了零关道的交通，从成都到邛都便改走安上——邛都道，故此道沿途东汉晚期的文物遗迹众多，包括光和四年石表和初平二年残碑。

2. 初平二年残碑

# 宋代（大理国）碑刻

## 3. 盛德二年墓碑

**形制：** 长圆形自然条石，文字镌刻在较平的一侧。

**尺寸：** 长125、宽45、厚28厘米。

**石质：** 红砂石

**年代：** 大理国段智兴盛德二年（公元1177年）

**地点：** 原在西昌市桑坡，现存凉山州博物馆。

**碑文：**

大理圀[1]建昌城□[2]西河军[3]□□」地段有勝雜圀言□□□□」便将□□布燮[4]迴到□山□」證佛果[5]年有五十二謝世□」盛德二年[6]丁酉正月十一日」

謹記。

**注释：**

[1] 大理圀　"圀"即"国"字，乃唐代武则天所创制的字，南诏大理时期所用的汉字中多所袭用。大理圀即大理国，是10—13世纪由白蛮建立的西南地区民族政权，从公元938年段思平建国到公元1254年蒙古灭大理，共存在了316年。

[2] 建昌　唐中期后，南诏政权控制了大渡河以南地区，在今西昌置建昌府，隶属会川都督，西昌称建昌始于此。《元史·地理志》中有"（唐）懿宗时，蒙诏立城曰建昌府，以乌、白二蛮实之"的记载，大理国因之。大理国时的建昌府下领落兰、阿都、沙麻、科部、邛部、两林、屈部诸部。

[3] 军　宋代设置的一种带有军事性质的行政机构。南诏、大理的行政制度多学习唐宋，军这种机构可能为大理国袭用。

[4] 布燮　南诏大理政权的官职。《新唐书·南蛮传》：南诏"官曰坦绰，曰布燮、曰久赞，谓之清平官，所以决国事轻重，犹唐宰相也。"大理国因之，但品位变低，成为中下级官职。

[5] 证佛果　佛教中人对人去世的一种说法。

[6] 盛德二年　盛德乃大理国宣宗段智兴的第二个年号，时当南宋孝宗淳熙四年，即公元1177年。

**短评：**

　　盛德二年墓碑出土的桑坡位于西昌市西北郊，是一处大理国至元朝时期的火葬墓地。唐高祖武德元年（618年）在今西昌、会理一带设巂州，四年（621年）升为巂州都督府，唐玄宗天宝十五年（756年）爆发安史之乱，吐蕃伺机联合南诏侵犯巂州，"越巂固拒被戮，会同请降无害（见云南大理南诏德化碑）"，会同（今会理）被南诏攻陷后，南诏在会同设置会川都督府，作为统治大渡河南岸广大地区的据点。唐懿宗咸通十四年（873年）南诏掠地至大渡河南岸，至此，南诏占据大渡河以南之巂州全境。唐昭宗天复二年（902年），南诏重臣郑买嗣篡权，建"大长和"国，其后历经赵善政所建的"大天兴"、杨干贞的"大义宁"，至段思平所建的"大理"国，它们在西昌所建的行政建制，基本沿袭了南诏的建制而无变化。北宋绍圣元年（1094年），大理权臣高明量篡权，建"大中"政权。第二年，高明量之子高量成继位，复立段氏为君，但虚拥名位，史称"后理"国。后理国废会川都督，分别置会川府和建昌府，直接由后理国政权管辖。建昌府治原建昌城，据《元史地理志》"建昌路"条称，建昌诸酋争强不下，分地为四而推段兴为长之后，"其裔浸强，遂并诸酋，自为府主，大理不能制"，段氏族人对西昌的统治一直延续到元代才被元罗罗斯宣慰司所取代。西昌盛德二年碑是大理国曾经统治西昌地区的文物实证。

3．盛德二年墓碑

## 4. 道隆年墓碑

**形制：** 圆首长方形，下部残，碑面有一小龛，龛内浮雕结跏趺坐佛像一尊，龛两侧各阴刻迦陵频伽鸟（妙音鸟）图案一；碑阴亦有一小龛，龛内浮雕结跏趺坐佛像一尊，碑额阴刻一梵文。

**尺寸：** 残高30、宽26、厚5厘米。

**石质：** 红砂石

**年代：** 大理国段祥兴道隆年间（公元1239—1251年）

**地点：** 碑原在西昌市西郊乡钟官坡，现下落不明。

**碑文：**

### 碑阳

维皇大理建昌……」讳□娶天水郡[1]……」□□□恐□常……」修难逃幻化之乡……」四生之九有荐过……」□永同记□道隆[2]……」

### 碑阴

当紫金光聚破幽……」愿囚星相毫□士……」□七重林下香风……」愿池中莲花……」

**注释：**

[1] 天水郡　大理国置有天水郡，《元史·地理志·大理路·赵州》载："皮罗阁置赵郡，阁罗凤改为州，段氏改天水郡"，段氏之天水郡即今云南大理州凤仪县。

[2] 道隆　乃后理国孝义帝段祥兴的年号，段祥兴为段智祥之子，段智祥于1238年禅位为僧，段祥兴于次年改元为道隆，执政十三年，时当南宋嘉熙三年至淳祐十一年（1239—1251年）。

**短评：**

南诏控制今凉山地区，在今西昌设建昌府，大理国因之。为加强其统治，南诏曾有组织地向西昌一带移民。《元史·地理志·建昌路》载："（唐）懿宗时，蒙诏立城曰建昌府，以乌白二蛮实之"。南诏大理两代都流行火葬，乌白二蛮迁至西昌，也将其火葬习俗带到了西昌。西昌城郊发现的大量的火葬墓说明这些移民在大理国时期还继续集中生活在西昌城附近，他们的后裔还将这种火葬习俗一直保持到了明朝初年，此墓碑是反映这段史实的宝贵文物。

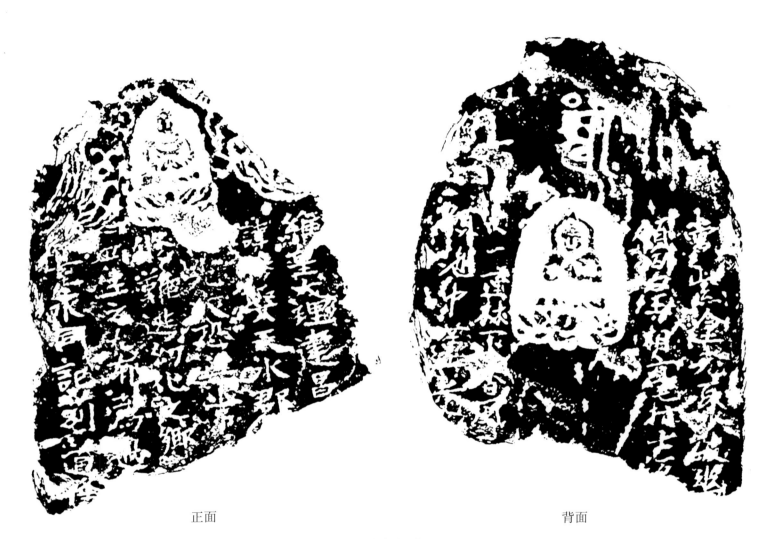

正面                                    背面

4. 道隆年墓碑

# 元代碑刻

## 5．梵文经幢

**形制：** 幢身作杀角正方柱形，四面镌刻文字与佛像。
**尺寸：** 高72、宽面15、窄面5、径22厘米。
**石质：** 红砂石
**年代：** 元至治元年（公元1321年）
**地点：** 原在西昌市川兴镇小花山，现存凉山州博物馆。
**碑文：**

幢身作杀角正方柱形，宽窄各四面。宽的四面上端各阴刻结跏趺坐佛像一尊，窄的四面上端分别镌刻汉文：

南无东方阿閦佛、南无南方宝生佛、南无西方阿弥陀佛、南无北方不空成就佛[1]。

幢身主要部分阴刻横书梵文经咒。四个宽面上满刻梵文经咒，其中三个宽面的下端各刻有一组汉字，分别为：

辛酉岁□吉□善人呈请□□□□□、追为过世老父宗祖、追为七代先亡□道当愿菩萨地藏而接引观音□至而来追神识托生于西方。

**注释：**

[1]    东方阿閦佛、南方宝生佛、西方阿弥陀佛、北方不空成就佛  为佛教密宗供奉的五佛中的四佛。中央为摩訶毗卢遮那佛，又称大日如来，共称五佛。

**短评：**

元代在今凉山设置罗罗斯宣慰司，辖建昌路、会川路、德昌路、柏兴府。元朝统治者信奉佛教密宗，故在凉山的西昌一带多发现元代的梵文经幢与镌刻有梵文经咒的墓碑。

根据此经幢所刻"追为过世老父宗祖"、"追为七代先亡□道当愿菩萨地藏而接引观音□至而来追神识托生于西方"碑文的风格，可知此幢为元代物。

另外，根据碑文，此幢立于"辛酉"年。查元代统治期间，唯元世祖中统二年（1261年）和元英宗至治元年（1321年）的干支为"辛酉"。元朝是在世祖至元年间才设置罗罗斯宣慰司统治西昌一带的，中统二年元代势力尚未到达西昌，故此幢应立于元英宗至治元年。

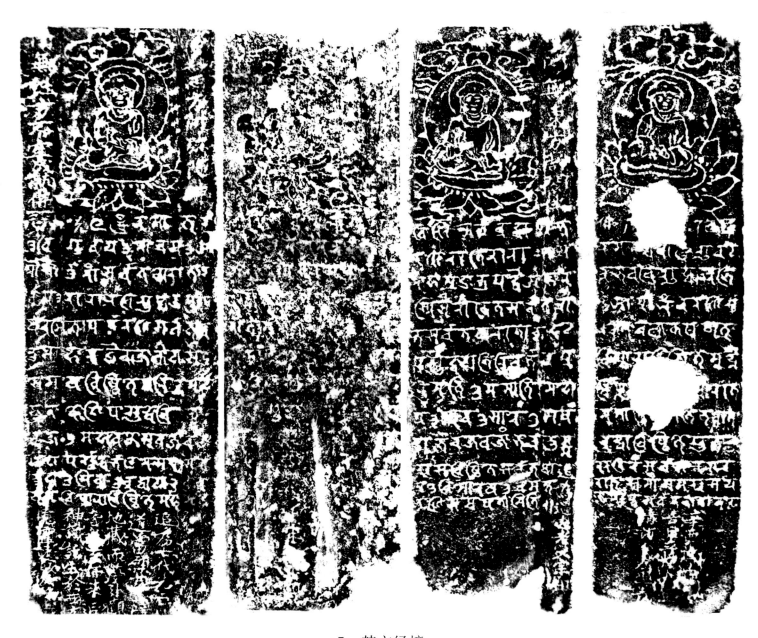

5．梵文经幢

## 6. 杨阿瑞墓碑

**形制：** 长方形，左上角略残，一面刻佛像，一面刻文字。

**尺寸：** 高58、宽42、厚8厘米。

**石质：** 红砂石

**年代：** 元至正三十年（公元1370年）

**地点：** 碑原在西昌市西郊乡，现下落不明。

**碑文：**

碑阳

阴线镌刻佛像一尊，佛像着圆领通肩袈裟，结跏趺坐于束腰须弥座上，有桃形头光和圆形背光。左侧镌刻阴文直书：

追为亡人杨阿瑞神道

右侧阴刻直书两行，依次为：

南无接引西方净土阿弥陀佛会　至正三十年岁次庚戌十二月二十一日建立

碑阴

阴刻二十一行梵文经咒，右侧上端阴刻汉文一行：

□□尊胜陀罗尼神咒[1]。

**注释：**

[1]　尊胜陀罗尼神咒　佛教经典《尊胜陀罗尼经》称：该经咒"能净一切恶道，能净除一切生死苦恼　若有人闻一经在耳，先世所造一切地狱恶业皆悉消失"，故此咒常被刻在经幢、墓碑上，以祈除恶业。

**短评：**

至正三十年（1370年）为元顺帝年号，至正二十八年（1368年）元顺帝已退出大都（今北京），其时已是朱元璋洪武三年，但当时西昌一带还属元朝统治，故仍然还在使用元朝年号。

另外，大理国墓碑的行文方式与汉族不同，一般写作"追为亡人某某神道"。曾属大理国版图的西昌元代尚保留这种行文方式，到了明代这种方式消失。

根据该碑的内容、行文款式及对亡人的称谓，其墓主当为南诏、大理时期迁徙到建昌（今西昌）的"白蛮"后裔，故该碑对于研究在、南诏、大理时期的移民历史具有较高的价值。

6. 杨阿端墓碑

## 7. 圣容赞碑

**形制**：长方形，下部残。
**尺寸**：残高50、宽47厘米
**石质**：红砂石
**年代**：元代
**地点**：碑原在西昌桑坡，现下落不明。
**碑文**：

　　　　奉大仁大慈的安拉之名
皮肤洁白，略带红润，双眉浓密，隆鼻坚挺，胡须浓密，手掌浑厚，十指修长，汗毛浓厚，从胸到脐，两手过膝，两耳垂肩，一眼不尽，万眼不绝。


**短评**：

　　此碑碑文共五行，为阿拉伯文。经考释，此碑碑文第一行为《古兰经》各章开头的句式，意为"奉大仁大慈的安拉之名"，第二至五行，通篇是赞美伊斯兰教创始人穆罕默德容貌的文字。

　　此碑发现于西昌桑坡。伊斯兰教是不崇拜偶像的宗教，据此碑文的内容，此碑可定名为《圣容赞》碑。陈世松考证《圣容赞》碑一般供奉在礼拜寺中，专供穆斯林礼拜时亲吻用。但据西昌回民讲，《圣容赞》除了镌刻为碑外，也有用纸书写的，一般放置在清真寺和家内供奉，也有树立在穆斯林墓地中的情况，但不埋入地下。

　　元代是伊斯兰教大规模传入中原的时代，伊斯兰教在这时也传入西昌地区，元朝派来西昌(当时称为建昌或建都，为元代罗罗斯宣慰司驻地)的军政官员和军士中，就有许多人信奉伊斯兰教，或者他们本人就是来自中亚和西亚信奉伊斯兰教诸国的回回人。如曾主政四川和云南的出生于伊斯兰教圣裔之家的回回人赛典赤赡思丁的第四子苫速丁兀默里，就曾任过"建昌路总管"职。另据《赛典赤家谱》载，赛典赤长子纳速剌丁，有十一个儿子，十一子为月鲁帖木儿，"授建昌路平章政事，今居建昌者是其后裔"。此外，元朝派往建昌征战屯戍的将领，以及担任罗罗斯宣慰司长官的人员中，有不少的人与伊斯兰教有密切关系。如因承袭父职，担任罗罗斯副都元帅、同知宣慰司事的脱力世官；曾任罗罗斯宣慰使，兼官军万户的康里人翰罗思；元末探马赤军将领、世袭万户镇守罗罗斯宣慰司的答失八都鲁及其他们所统领的军队都是信奉伊斯兰教的穆斯林。

　　元代是我国回回民族形成的重要阶段。随着这一时期域外各信奉伊斯兰教的民族大量进入中原，在各地留下不少有关伊斯兰的文物，如回回人墓碑、礼拜寺碑铭，其中有相当一部分是阿拉伯文的。《圣容赞》碑对于研究凉山元代回族的历史是弥足珍贵的文物。（有关考证参见陈世松等《西昌发现的元代礼拜寺文物》，《四川文物》1992年第6期）

7．圣容赞碑

# 明代碑刻

## 8. 泸山寺院创建碑

**形制：** 圆首长方形，左下部残，碑额阴刻"亘古如斯"四个楷书大字。

**尺寸：** 高103、宽56厘米

**石质：** 红砂石

**年代：** 明洪武七年（公元1374年）

**地点：** 现在西昌泸山光福寺大雄殿东墙上

**碑文：**

从来寺院之创建，本属供佛以护国家，金粟之施，原以饍僧而镇寺。夫名山佛地实乃同人……」玄妙之所非禅宗而莫建，无善助则难成。开创乃一国之祥瑞，引善人入万世……」然泸山创在先朝，由来已久。自唐天祐年，有僧慈忍，眉长一尺许，久入空门……」名山五洞产天之佛境，千峰拱瑞，七曲锁海之水道，万派朝宗诚天造其……」于本郡官段阿兴[1]建其佛殿，其土官阿纶捐捨田地以为常住，兼有土人张俊……」泸山寺僧驮食饥矣，汝往济之。张俊出，觐见一驴步虚空，复嘱前言……」之子。公曰：骑驴者土祠灵持世界圣母，即昆婆尸佛化身也，俊记斯言……」其垣宇焉。及至正年间，有僧名道真，幼赋真敏，早悟三空，欲及本来面目……」北，直下至腰，忽现平地，别是一天也，募创隐溪寺[2]为祝国佑民之道场，作宅大场……」迹不沦于久湮，而名山终归于佛景。遂白于郡官段阿兴之后段公顺，因捨□山捐……」嘴，南至齐大路，西至尖山顶，北至齐龙蟠地沟□□……于是募众鸠工修……」房四间，禅堂三间，门楼一间，栽柏树二株，修正山墙一座。如此详……」

　　　承事郎[3]罗罗斯宣慰使司[4]……」

　　　澂江路[5]之……」

大明洪武甲寅年

**注释：**

[1]　段阿兴　大理国时期，建昌府为大理国所踞。据《元史·地理志·建昌路》条载，其时建昌诸酋争强不下，分地为四而推段兴为长之后，"其裔浸强，遂并诸酋，自为府主，大理不能制"，段氏族人对西昌的统治一直延续到元代才被元朝设立的罗罗斯宣慰司所取代。此段阿兴是否即段兴，存疑待考。

[2]　隐溪寺　隐溪寺位于西昌泸山北麓山腰，俗称小寺，为泸山十寺的第一寺，上世纪八十年代因修建凉山彝族奴隶社会博物馆被撤，原址在今凉山彝族奴隶社会博物馆民家院。

[3]　承事郎　明代文官散阶正七品。

[4]　罗罗斯宣慰使司　又称罗罗斯宣慰司，元至元年间以大理国之建昌府、会川府地分置建昌路、德昌路、会川路、柏兴府，设罗罗斯宣慰司以总之，治地在今西昌市。

[5]　澂江路　唐代为南宁、昆二州地，天宝末年，没于南诏，号罗伽甸。大理国时期号罗伽部，元代置罗伽万户

府，至元中，改澂江路。明洪武十三年（1380年）改为澂江府，在今云南路南、澄江、玉溪、江川一带。

**短评：**

据此碑记载，西昌泸山佛寺始建于唐代天佑年间，开山祖师为慈忍。隐溪寺则建于元代至正年间，开山祖师为道真。此碑乃迄今发现的记载泸山寺庙始建事迹最早的文物。

蒙段祠为西昌泸山著名寺庙，位于光福寺大雄殿东侧，据称原为南诏国蒙氏和大理国段氏的家庙，为西昌泸山著名寺庙。祠内原塑有一女神像，俗名"望天娘娘"。民间传说望天娘娘骑驴缘祠前古柏升天，至今古柏上尚留有驴蹄痕。此碑所记载的骑驴步虚空的女神乃灵持世界圣母即昆婆尸佛化身的说法，是蒙段祠传说的又一个版本，根据此碑碑文内容，此版本的传说至少在明代初年就已经流行。

明洪武七年的干支为"甲寅"，故此碑镌刻于明洪武七年（1347年）。一般都认为明王朝统治西昌的时代是从洪武十五年（1382年）元罗罗斯宣慰司平章月鲁帖木儿向明王朝输诚开始，但此碑证明，至少在洪武七年今西昌一带已经奉明王朝为正朔，开始使用明王朝年号。

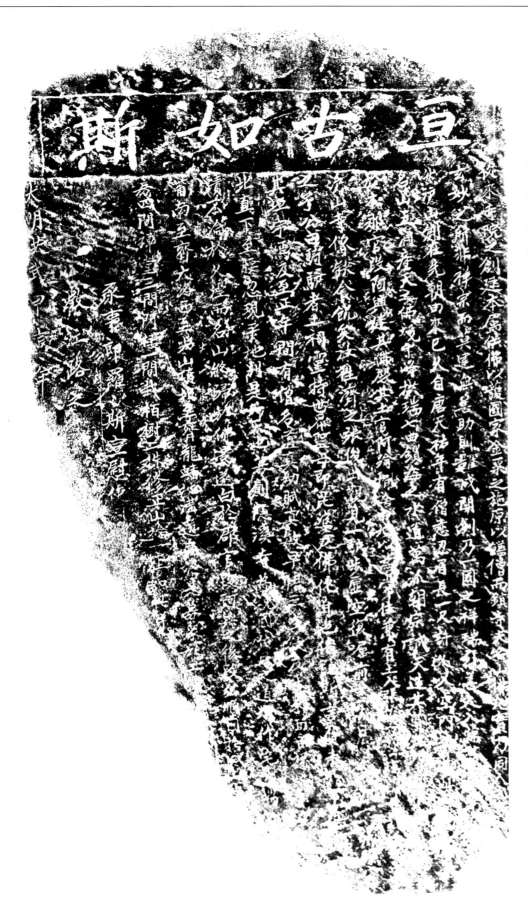

## 9．建平门门额

**形制：** 近正方形，共三通，每通上阴刻一楷书大字，周边饰以阳刻蔓草纹。

**尺寸：** 每通大小尺寸相同，高91、宽81、厚15厘米。

**石质：** 红砂石

**年代：** 明洪武二十年（公元1387年）

**地点：** 原在西昌明清古城北门上，现存凉山州博物馆。

**碑文：**

建平门
洪武贰拾年肆月 吉日立

**短评：**

西昌明城墙始建于明洪武二十年（1387年），选址于唐嶲州土城的西北角，其北、西两墙沿用了唐嶲州土城的部分西墙和北墙，东墙与南墙为明代新筑，明建昌城平面呈扇形。

西昌明城墙初建时为土城，道光《西昌县志·城垣》载："明洪武中建土城，宣德二年甃以砖石，高二丈二尺，底宽三丈六尺，顶厚二丈，周围九里三分，共一千四百四十四丈八尺。建四门，东曰'安定'、南曰'大通'、西曰'宁远'、北曰'建平'"，清代沿用未变，但经过多次维修。东、南、北门至今尚存，其中大通门与安定门现为四川省文物保护单位，建平门为西昌市文物保护单位，西门早年被撤，现唯余西门坡一处地名。

9. 建平门门额

## 10．陶春墓志

**形制：** 正方形，盖、志一合共两件。
**尺寸：** 两件尺寸相同，高44、宽48厘米。
**石质：** 红砂石
**年代：** 明永乐十九年（公元1421年）
**地点：** 出土于安宁河西岸高草乡，现存凉山州博物馆。
**碑文：**

### 志盖

武德将军盐井卫中左千户所正千户陶公墓志铭（篆书）

### 墓志

故武德将军[1]盐井卫中左千户所[2]正千户陶公墓志铭

公姓陶氏，名春，家世凤阳寿州人，其先右族也。自幼慷慨，乐赒人之急；既壮勇义，」能拯人之难；犹善骑射，为乡里所称誉。壬辰年从军充黄旗先锋；甲午，随侍」伟幄渡江至金陵，后参随总戎征克两淮；甲辰，克江西，鄱阳湖水战首获奇捷；丙午，」下江淛，平苏湖诸郡；既而又取中原沂兖地面，累获捷功，未尝妄加屠戮。部伍中」他校有不律者，即谕之以仁义之戒。洪武戊申，攻河南、山西、临洮诸境。辛亥，驻」劄泾州，收集军士百余人，授昭信校尉[3]、泾州守御千户所管军百户。未几，累调华」山、平凉等卫御守。戊午，以训练有成，部伍整肃，转资世袭承信校尉[4]。己未，平西戎」番寇获捷。壬戌，以征伤疾，有子陶先代官。乙丑，其疾稍愈，例以致仕将官复征授」职，蒙赏钞段，升武略将军[5]，宣武卫左所副千户。壬申，司勋考绩，以累功从事年深，」持升世袭武德将军，信阳卫左所正千户。甲戌，建昌夷酋月鲁[6]作耗，既平，开设盐」井卫，公以宿将老成防边，调任中左所正千户，乃挈家之官，领军御守打冲河[7]险」隘，所治其地卑狭，皆高山峻岭，其河水泛则奔流激湍，舟楫莫济，实番夷路道之」喉衿也。于时余寇尚出没，况值饥馑，公于是严号令，谨烽堠，置保障，练士卒，乃缘」崖布栅、虚阁构营，篾竹为绳、编木为梁，以通桥道，延袤六十余丈，往来辎重牛马，」若践坦途，岁则易之。复设屯、垦田火种，凿渠灌溉，岁计倍收，士蒙其利。不逾年，所」治城堡鼎然一新，无不严备。由此观之，非公之智能，乌得而若是也耶。戊寅冬，构」疾卒。公娶郑氏，生一子曰先，代官昭信校尉，早殁。娶王氏，字妙欢，生三子：长曰宏，」嗣官武德将军，处事果断，智识聪敏，以材能称。配室同所百户刘侯长女妙喜；次」子曰礼、曰敏，俱以孝行称，礼配室会川卫迷易千户所[8]百户高侯长女妙諲；敏配」室建昌卫中前所百户高侯长女妙缘。孙男五，尚幼，嫡长曰震，次曰升、曰观、曰鼎、」曰豫。孙女八人，曰端，适信阳卫指挥长男朱珍；曰因，适四川行都司都指挥长男」黄震；曰果，纳同卫河口驿百户男王杰为坦，许嫁未行；曰清，聘同卫中右所百户」长男幸荣；曰圆，聘同卫前所千户长男杨清，尚幼；曰贞、曰洁、曰惠。公生于至正癸」西四月十二日，卒于大明洪武戊寅十二月二十五日，寿六十五，以」永乐辛丑八月十有二日葬泸川[9]西山之阳。夫人生天地之间，而能立功名，世禄」悠久而不磨者，岂非忠孝之验。苟能如斯，善人而必复始。乃为之铭，铭曰：

赋姿英伟，操志刚明。桓桓节义，耿耿忠诚。

攀鳞附翼，宠渥荣膺。禄及后裔，嘉胤是承。

宅兆卜吉，山崇水澄，佳城斯藏，子孙永宁。

**注释：**

[1]　武德将军　明代武官散阶正五品。

[2]　盐井卫中左千户所　明洪武二十七年（1394年）在盐源置盐井卫军民指挥使司，隶四川行都指挥使司，治今盐源卫城。盐井卫分设左、中、右、前、后五个千户所，千户所的长官称"千户"。其中中所千户所驻地在今盐源梅雨乡栗子瓦，另外左所千户所驻地在盐源沿海乡多舍村，右所千户所驻地在右所乡喜德寨，前所千户所驻地在前所乡阿牛寨，后所千户所驻地在木里县后所乡革木不瓦。

[3]　昭信校尉　明代武官散阶正六品。

[4]　承信校尉　明代武官散阶正六品。

[5]　武略将军　明代武官散阶从五品。

[6]　月鲁　即月鲁帖木儿，又作越鲁帖木儿，蒙古人，元朝罗罗司宣慰司平章。洪武十五年（1382年）向明太祖朱元章输诚，被授与建昌指挥使之职。据《明史·四川土司传》云：洪武二十七年（1394年）。"月鲁帖木儿反，合德昌、会川、迷易、柏兴、邛部、并西番土军万余人，杀官军男妇二百余口，掠屯牛，烧营屋，劫军粮"，并率众攻建昌城，转攻苏州。四川都指挥使瞿能率各卫兵克双狼寨、托落寨，进至打冲河与月鲁帖木儿大战，败之。又分兵入德昌、普济，还攻天星、卧漂诸寨，月鲁帖木儿遁入柏兴府，与土酋贾哈喇结合，总兵官蓝玉率兵至柏兴府，诱擒月鲁帖木儿及其子胖伯，送京师伏诛。

[7]　打冲河　雅砻江今盐源县境内河段，明清时称打冲河。

[8]　会川卫迷易千户所　明洪武二十七年（1394年）在今会理置会川卫军民指挥使司，隶属四川行都指挥使司，同时分置迷易守御千户所，治地迷易（今攀枝花市米易县撒莲）。

[9]　泸川　安宁河之别称。

**短评：**

明初，明朝廷为加强对新纳入版图的西南地区派遣军队，在西南地区进行大规模军屯。根据此墓志铭记载，墓主陶春为朱元璋基干军队的下级武官，早在明王朝开国以前的元至正十二年（1352年）就参加了朱元璋的军队，曾参加过占领金陵、攻克两淮，在江西鄱阳湖攻打陈友谅等明王朝建国的重大战役。其后又随军东征西讨，后受命守御打冲河，在河上架设桥梁，军垦屯田。此墓志铭对于研究明初的战争史和盐源的交通史、屯田史及明初基层地方官员的身份和人员构成均具有一定的史料价值。通过碑刻所载陶春儿孙辈的联姻情况，还可以观察到当时卫所官员及其家庭的社会关系。

10.
陶春墓志

## 11．刘氏墓志

**形制：** 正方形，志盖与墓志一合两通。
**尺寸：** 志盖与墓志均高38、宽36厘米
**石质：** 麻石
**年代：** 明正统二年（公元1437年）
**地点：** 出土冕宁县南三分屯，现存凉山州博物馆。
**碑文：**

### 志盖

故宜人刘氏墓志之铭。（篆书）

### 墓志

故宜人刘氏墓志铭

江陵姜学撰文书丹」大明正统二年正月上元日，有承重孝孙唐胜，□墓哭泣」以状来请曰，孤也不幸之岁，祖母实为哀痛，将复何以凭，顾」无以酬抚养之恩。但刻铭于石，发挥潜德，光于泉壤。按状，」宜人姓刘氏，字妙湛，□□东西乡茅庄人，□□□女，年既」笄，归于我祖唐原，事舅姑甚得妇道，敬志中馈，和睦内」外。洪武二十六年同祖父来主宁番卫[1]镇抚，甫及数年祖父」弃世，所生子五人，长曰凯，娶刘氏，承继祖职，永乐年间有」交阯之征，没于中途；次曰鉴，亦早逝；曰旺，娶汪氏，男曰□□子」曰通，娶卢氏。女一，适舍人许子良。胜袭父祖勋之职，娶王氏。」今而居官食禄，赖祖母教育以成人奉上焉。承颜养」志，朝夕怡愉，奉甘旨于未艾也。不期丁巳年正月十二」日戌时，□以疾终于正寝。生于前戊戌年七月三十日亥时，享年」八十岁。卜以是月庚申，葬于城南官亭之左，予知宜人之德，」礼义以相父，忠孝以教子，故天赐之全福，人莫能及也。铭曰：」贤哉宜人，德配夫君。积善有庆，光子绵门。」世祚忠孝，有子有孙。有坟有祀，永享千春。」

正统二年正月三十日立。

**注释：**

　　[1]　宁番卫　即宁番卫军民指挥使司，建南五卫之一，另四卫为建昌卫、会川卫、盐井卫和越巂卫。明朝初年在今凉山部分地区建立卫所制度，明洪武二十一年（1388年）在今冕宁置苏州卫，属四川都司。洪武二十六年（1393年）更名为宁番卫军民指挥使司，徙治今冕宁县城厢镇，清雍正六年（1728年）改冕宁县。

**短评：**

　　现在居住在安宁河谷冕宁、西昌、德昌几县的汉族的祖先有很大一部分是明初随军从各地移居而来的，此墓志铭是记载这段史实的文物。除墓志铭、墓碑外，发现于西昌和冕宁等地的部分汉族的家谱也记载有明初安宁河谷的移民过程。

11.
刘氏墓志

## 12. 王裕墓志

**形制：** 正方形，一合两件，大小相同。
**尺寸：** 高41、宽41、厚9厘米。
**石质：** 灰花岗石
**年代：** 明正统七年（公元1442年）
**地点：** 出土于西昌市北山，现存凉山州博物馆。
**碑文：**

### 志盖

故明威将军指挥王公墓志铭（篆书）

### 墓志

故明威将军指挥王公墓志铭」
大明正统七年七月二十三日宁番卫明威将军[1]王公卒。前事」之日，其子王经遣价具币来征予铭，欲发其潜德之幽光，按」状，公讳裕，字仲表，其先河南开封府人，祖父王兴，洪武初从」征有功，升宣平右卫百户。及父王宝承继，袭除普安卫千户，」后调任四川叙府，参随景川侯征龙岩，授」敕赠武略将军。洪武廿三年升四川行司[2]建昌卫正千户，复」土酋月鲁作耗，领卒攻取，破贼有功，蒙」朝廷重赏钞银缎绢，加升苏州卫[3]指挥，即今宁番也。宝莅政仁德，有能治□□，后复讨叛贼贾哈喇[4]，兵至盐井，垒破贼擒，宝□」以征伤，艰于□□。永乐年间有□□，男王福承任，宣德二」年征进交海，疾终于途。娶蒋氏女，生子一人，曰绶，尚幼。公以」庶长男继任前职十有余载。为人强毅正直，有宽容之德，恩」□简施，待僚友以和，莅政事以勤，蛮夷之人亦皆敬信服从。」公生于壬申年二月一日，卒于壬戌年月日，得寿五十一岁。」娶四川宁州卫邓指挥女，生男三人，长曰经，次曰纬，曰□，生」皆幼未娶。女一人，适本卫中中所正千户刘贞。今卜葬于西」北山之原，去城五里，于八月十五日安厝[5]，是宜铭之。铭曰：」王氏之先，出于三槐。衣冠世系，荣历官阶。」迨及□翁，德善绥怀。胡命不遐，半□而逝。」龙原之阳，山水佳脉，烝烝孝子，思显□世，□石□辞，盛昌后嗣。」
正统七年八月十五日　　孝子王经立石。

**注释：**

[1]　明威将军　明代武官散阶正四品

[2]　四川行司　四川行都指挥使司之简称，明洪武十五年（1382年），罢罗罗蒙庆等处宣慰司。二十七年（1394年）置四川行都指挥使司，治建昌卫。领建昌卫、宁番卫、越嶲卫、盐井卫、会川卫五个军民指挥使司；守御礼州后千户所、守御礼州中中千户所、守御打冲河中前千户所、守御德昌千户所、守御冕山桥后千户所、镇西后千户所、打冲河守御中左千户所、守御迷易千户所八个千户所和昌州、威龙、普济、邛部、马喇五个长官司。

[3]　苏州卫　卫址在今冕宁县北之拖乌区苏州坝（今大桥水库）。元朝泰定帝致和元年（1328年）八月，西番土官撒加布奉方物进献，置苏州，以撒加布知州事。明洪武二十一年（1388年）置苏州卫，属四川都司，洪武二十五年（1392年）废。

[4]　贾哈喇　摩些土酋。明洪武二十五年（1392年）月鲁帖木儿叛，西番和摩些为其主要力量，贾哈喇与焉。洪

武二十九年（1396年），贾哈喇兵败被俘，被执送京师伏诛。

　　〔5〕　安厝　即埋葬。

**短评：**

　　明洪武二十七年（1394年），原已归降的元罗罗斯宣慰司平章月鲁帖木儿复叛，明王朝调集大军平叛，事平后将不少军人留驻建昌，他们是安宁河谷汉族移民的重要组成部分，明朝廷并委派这些军队的下级军官担任当地卫所的长官，以巩固其在新纳入版图的民族或民族杂居地区的统治，故现在安宁河谷地区还多留有所、屯、堡等带有明代卫所制度的痕迹地名，如王所、焦家屯、坝河堡子等。

12.
王裕墓志

## 13. 李善买地券

**形制:** 正方形

**尺寸:** 第一方长30.5、宽30.6、厚3厘米；第二方长35、宽31、厚3.5厘米。

**石质:** 青色页岩。

**年代:** 明成化十四年（公元1478年）

**地点:** 出土于冕宁县北山坝明墓，现存凉山州博物馆。

**碑文:**

### 第一方券　正面

　　右给付

墓中昭毅将军李善公

　　收执永远照用

（碑文四周刻八卦图）

### 背面

维」大明成化十四年岁次戊戌，十二月戊子朔越十六日癸卯，四川行都指挥使司宁」番卫军民指挥使司在城公廨[1]，今有买地殁故昭毅将军[2]李善公，在日」原命系己卯年六月初三日子时受生，享年八十岁，大限丧于成化十二年十」一月二十九日申时分身故。未卜茔坟，夙夜忧思不遑所厝，遂今日者择此高」原来去朝迎地，占袭吉地属本卫北山之原，堪为宅兆，出备钱财一会」买到墓地一方。作子山午向，东西长佰步，南北长佰步。东至青龙，西至白」虎，南至朱雀，北至玄武。内方勾陈，分擘四域，丘承墓伯封步界畔，道路」将军齐整阡陌，致使千秋百载，永无殃咎，若有干犯，并令将军停长缚」□河伯。令备牲牢酒脯百味香新，共为信契，财地两相各已分付，令工匠」修茔安厝，已后永保清吉。」

　　知见人岁月主，代保人今日直符，故气邪精不得甘恡。先有居」者，永远避万里。若违此约，地府主吏，自当其祸助葬主重」外存亡安厝，已后永保清吉，急急五帝使者女青律令。」

券立二本，一本奉后土地祇，一本乞付墓中昭毅将军李善公收，永远」□□为照使用。

成化十四年十二月拾陆日买地殁故昭毅将军李善押。

　　知见人　岁月主押

　　代保人　今日直符押。"

### 第二方券　正面

　　奉

后土地祇山川百灵众

碑文四周刻八卦图

### 背面

　　代保人　今日直禄押

　　知见人　岁月押

买地殁故昭毅将军李公押

成化十四年十二月二十七日

券□墓本奉后土地祇一本，给付墓中昭毅将军□□收执，□□□为照用者，五帝使者女青律令。

若违此约□□墓日当其祸，助葬主□□□□□厝，皆安厝吉，急急如□见人岁月□□，□保人，今日直符，故气邪精，不得甘恡，先有居者，永避万里。香新共为信契，□□两相各已分付令工匠修营□厝，已后永保清吉。载永无殃咎口，若有干犯并令将军停长□□河伯，今备牲牢酒脯有味，陈分檗四域丘承墓伯，封步界畔，道路将军整阡陌，致使千秋佰步，南北长佰步，东至青龙，西至白虎，南至朱雀，北土玄武，内方勾□，卫北山之石，堪为宅兆，出备钱财一□，买到□□□子山午向。东西长思不遑，所厝遂今日者择此高原来去朝迎，□占袭吉地属本丧于成化十二年十一月二十九日申时分，在家身故，□卜茔坟夙夜忧，李善公在日原命系巳卯年六月初三日子时受生，享年八十岁，大限于司宁番卫军民指挥使司，在城公廨居住，今有买地殁故昭毅将军。

大明成化十四年岁次戊戌十二月戊子朔越二十七日甲寅，四川行都指挥使，维。

**注释：**

[1]　公廨　官署。

[2]　昭毅将军　明代正三品武官的散阶分为初授昭勇将军、升授昭毅将军、加授昭武将军三等，昭毅将军为第二等。

**短评：**

"买地券"是中国古代以地契形式置于墓中的一种迷信物品，又称"墓别"、"冥契"、"幽契"。主要内容是为死者买阴间宅地一处，要求幽冥各级官吏不要侵害死者灵魂，阴阳殊界，死者鬼魂也不要回到人间作祟，复连生者。买地券源于西汉，盛于东汉，唐宋以降传布于全国各地。买地券是放置在墓室内的随葬品，买地券系由当时现实社会中的买地契约演变而来，故其格式参照了当时的买地契约，到了宋代已经形成固定的书写模式，明代没有大的变化，清代以后逐渐消失。

13—1. 李善买地券（第一方）

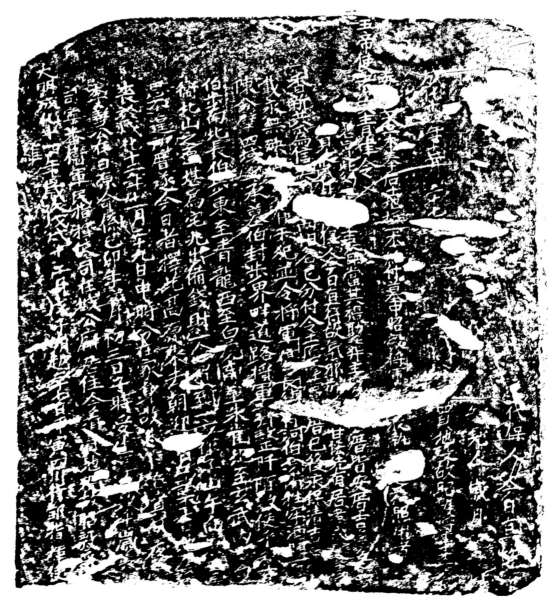

13-2. 李善买地券（第二方）

## 14. 重修越嶲城记碑

**形制：** 圆首长方形，碑额阴线双钩"重修越嶲城记"六个篆书，四周饰以云气纹，碑两侧阴刻牡丹纹。

**尺寸：** 高242、宽128、厚31厘米。

**石质：** 青石

**年代：** 明嘉靖四年（公元1525年）

**地点：** 碑现存越西县文管所

**碑文：**

重修越嶲城记」

赐进士出身[1]前翰林院庶吉士[2]汉嘉安磐撰文」吏部听选监生凤阳陶心书丹篆盖□」

嘉靖叁年秋玖月城越嶲[3]。越嶲，古邛都[4]地也。自汉迄元剖据升降，沿革代异。入」国朝为邛部州[5]，州寻废，始置越嶲卫，去京师万余里，寔惟荒服。邛、笮、羌、僰，交错左右，既隘且僻，惟孤惟危。卫故有城，积岁□理，□」兔穴居，犬豕可越。百余年来，虽夷人怀畏窜伏，不敢斩纛以警击柝，而讹闻虚骇，亦往往急矣。按察副使[6]姚江胡子东皋□」

登，奉」

天子命来整其族，周视久之，乃语诸属曰："筑城教滕城恶病莒，在先民已然，兹惟陋甚，假令诸夷不逞，卒至而门，焉御暴集溃，□」何以支？吾经武于是，如吾室而垣缺，吾可以一夕安？"乃语诸千户[7]曰："黄廷，自南而东者汝城之。"曰："李芳，自西而南者汝城之。"」曰："曹泰，自东而北者汝城之。"曰："陶蓁，自北而西者汝城之。"乃语指挥[8]曹君元曰："凡而器用财具，唯汝出入，凡率徒之在役，凡」庶官之董兹卒徒者，唯汝申儆而程督之。"别遣千户高辅城镇西之海棠，总之以都指挥[9]徐君锐元辈。承胡子之意，乃度乃」虑，乃励乃虔。伐石于山，取砖于陶；新附于旧，石附于土；城端以砖，兼覆土石；积而累之，引而续之，高凡壹丈玖尺，阔凡壹丈」有奇，周回凡肆里，凡四越月而城成。凡城之费，皆出胡子规画。是役也，枝干之平，畚筑之备，土物有程，工日有素，戒事以时」而民不告劳，致用有经而费不及众，艾猎城沂不过焉。且胡子之经略塞徼也，法以伏奸，恩以起穷，诚以照狱，正以养士，□」以坚约，介以自束。夫伏奸，威也；起穷，惠也；照狱，明也；养士，义也；坚约，信也；自束，廉也；六者具而宪度举矣。故兹城之成之□」无难焉。胡子之言曰："展采[10]在志，集事在才，不以难□阻者，志也；不以明自扰者，才也。元有志而才，城也，元功也。"是胡子□□」美也。训导[11]上官元介、诸生刘艮走□嘉，谒记于□□旧业记事。尝闻《春秋》之义于父师：《春秋》之义，凡城虽时且义，亦书□□」力也。是城也，安可无记，记之。而海棠城[12]之成于徐君锐暨高辅者，别自为记。」

皇明嘉靖肆年乙酉夏陆月吉日」

钦差分守四川建昌行都司等处地方御马监左少监 阎良」

四川行都指挥使司都指挥事 鲁儒」廉瑛」李本」□谏」□□」

**注释：**

　　[1]　赐进士出身　明清科举制度，进士经殿试后被分为三甲给予出身，一甲为"赐进士及第"，一甲共三名，第一名称"状元"，第二名称"榜眼"，第三名称"探花"，二甲为"赐进士出身"，三甲为"赐同进士出身"，统称"进士"。

　　[2]　翰林院庶吉士　明初置，始分属于各署，后专属翰林院，选新中进士优于文学书法者，入馆学习，称为"庶

吉士"。三年后进行考试，成绩优良者分别授与翰林院编修、检讨等职，其余分发各部任主事或以知县优先委用。

　　[3]　越巂　西汉武帝元鼎六年置越巂郡，地含今四川凉山地区和云南北部部分地区。今凉山州越西县汉时为越巂郡阑县，元代为邛部宣抚司，明代为邛部州，后州废，置越巂卫，清代为越巂厅，隶宁远府，一九一三年改为越巂县，一九五九年因"巂"字太生僻，改为今名越西县。

　　[4]　邛都　又称邛都夷，西南夷古族名，据《史记》、《汉书》、《后汉书》、《华阳国志》等历史文献记载，邛都夷主要活动在战国至西汉时期，分布在今邛崃山脉以南及凉山安宁河谷一带，今越西汉代为阑县地，乃"故邛人邑"。

　　[5]　邛部州　唐代的邛部县，南诏时称邛部川。元中统五年（1264年）置邛部川安抚招讨使，至元十年（1273年）割属罗罗斯宣慰司。至元二十一年（1284年）改为邛部州。明初因之，后废。

　　[6]　按察副使　明代各省设有提刑按察使司，主管一省的司法，按察副使为按察使司主官按察使的副职。

　　[7]　千户　明代军制，在总兵下设千总、把总，为中、低级军官。

　　[8]　指挥　明代都指挥使司的属吏。

　　[9]　都指挥　即都指挥使。明代官制，设都指挥使司，简称都司，为地方最高行政长官。

　　[10]　展采　采即官，展彩即做官尽职。

　　[11]　训导　明代府、州、县所设的基层学官，地位低于府学的"教授"和县学的"教谕"。

　　[12]　海棠城　古清溪道上的要塞，位于越巂县北，现属甘洛县，明代曾在此设镇西千户所。据清《越巂厅全志·城池》载"海堂今为宁越营城，亦前明嘉靖四年观察使胡东皋所修，后崩塌。国朝雍正八年越巂营守备金德昭监筑，土城高八尺零五分有奇，计一百丈，门二。道光中同知叶树东重修，门三，东北西。"现清道光十八年所筑城墙的北门和部分南墙尚存。

## 短评：

　　越巂为川滇道路要冲之地，战略地位十分重要，又为汉彝民族杂居之区，为历代朝廷所重视。明代所建之越巂城城墙全用当地出产优质青石包砌，据《重修越巂城记碑》所记，城高一丈九尺，阔一丈有奇，周四里。但城墙大部分已毁于上世纪六七十年代，现只存约47米西墙。

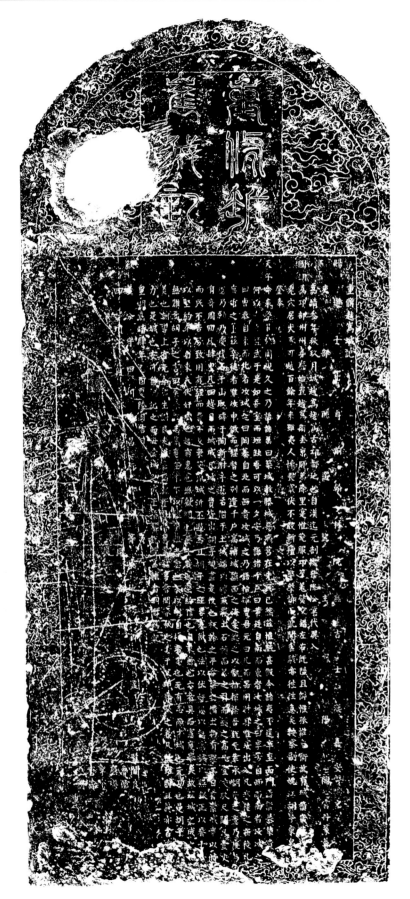

# 15．沈公墓志

**形制：**圆首长方形，碑额阴刻二龙戏珠图案。

**尺寸：**高176、宽77厘米。

**年代：**明万历三年前

**地点：**现存凉山州博物馆

**碑文：**

云南府昆阳州[1]同知沈公乡饮启撰。」

恭惟」

老先生宅心正直，行事光明，守官箴惟知三事，处乡党克尽□□。」公任昆阳，发奸摘伏，地方得干城之修；委武定[2]，修建新城，边疆」垂巩固之绩。清理籍田而宄心敛迹，作兴学校而士习克端。丁」母忧[3]甘于不仕，士类称贤；待亲友存亡一心，乡人诵德。居家清」白，教子殷勤，道立来仪，身光懿范，知几知止，可敬可亲，谨请」大宾以光」

圣典。」

建昌卫军民指挥使司军政掌印指挥同知李绍武

　　署学士雅州[4]儒学训导罗世守拜书

**注释：**

[1]　昆阳州　明洪武十五年（1382年）置，在今云南晋宁。

[2]　武定　明洪武十五年（1382年）置，在今云南武定一带。

[3]　丁忧　古代制度，凡在任官员父母去世，必须辞官回家为父母守孝，称为丁忧。

[4]　雅州　明洪武四年（1371年）置，在今四川雅安。

**短评：**

　　此碑无年款，根据撰碑人李绍武任建昌卫军民指挥使司军政掌印指挥同知之职，可推定立碑年代在明万历三年前。明洪武十五年罢罗罗斯宣慰司，在今西昌置建昌卫指挥使司，洪武二十五年改为建昌卫军民指挥使司，万历三年后废，并入建昌卫，故此碑立碑年代必在万历三年之前。

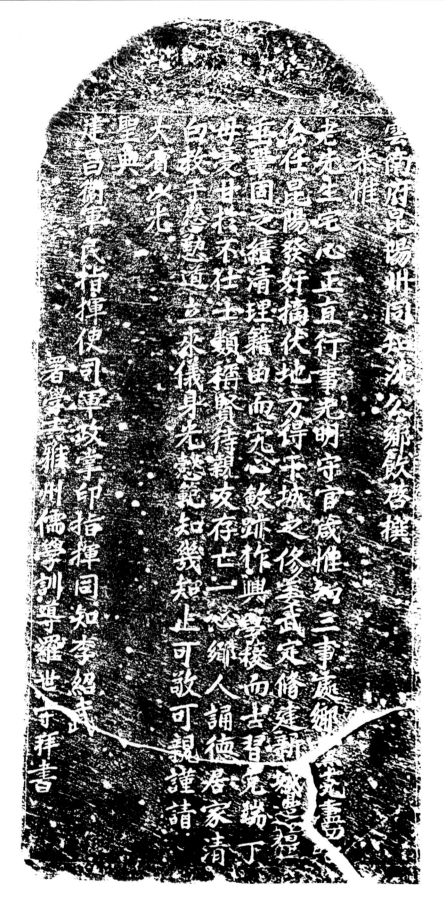

15·沈公墓志

恭惟

武德府昆陽衛同知沈公鄉飲啟撰

先生宅心正直行事光明守官咸惟知三事處鄉

公任昆陽發奸摘伏地方得平城之修委委武定修建新

蓋圉之續清理籍由而冗心歆跡作興學校而古習

毋蒙母校不佐士頓稱賢待賴友存亡一心鄉人誦德居家清

白欸于慶懃道去來儀身先懃範知幾知上可敬可親謹請

大賓光

聖典

建昌衛街軍民指揮使司軍政掌印指揮同知李紹武

署學事雅州儒學訓導羅世守拜書

# 16．宋兴一墓志

**形制**：圆首长方形。

**尺寸**：高110、宽52厘米。

**石质**：红砂石

**年代**：明万历十三年（公元1585年）

**地点**：现下落不明，拓片存凉山州博物馆。

**碑文**：

明宋公墓志铭」奉直大夫[1]云南沾益州知州[2]前乡贡进士[3]建昌□□马中良撰文」四川保宁府阆中县[4]儒学训导前乡贡进士建昌□□谌朝宣篆额」。公讳兴一，原姑苏昆山人，国初□」□□叔祖福一俱以事谪戍[5]蜀之建昌卫□□□百户，偕长子宋忠而来，娶祖婆黄氏妙□，生高祖宋恕，宋□」恕□」□□月鲁帖木儿作耗，□差守□城北，斩贼□功，蒙□申呈兵部题奉」准升□□旗宁理二百户印□□，旻生裕，裕生常，常生熙，熙任云南昆明县县丞[6]，旋闻讣归，复任湖广蕲水，」清廉勤慎，绰有政声，□以疾□，朝野钦仰。源生进，进生兰，兰任广西奉议州判官[7]，复升田州府通判[8]，本□□蕃□」□之□，如□之龙将，不可胜纪。□□□□□□义亦已昭□人之耳目，孰非祖德□培乎。□□世」祖□□□东北□非胜地而□山□□□」始祖公□□祭□者，森森贤□□□□风□永衍，则百之庆□得何势截□取□在天之□□□心地□□」城□□□祖宗之□□知无天□地之□以□□□耶。□虽不见其祖，视□后，而后人之□□□□□久计者□」□□□□□□□庙阴之□士□□□□□耕以□商贾□迁之匪懈，则绵绵瓜□□□□增」□□□□□□□□祖一祖烈，更长历天地无疆之运矣。□勒诸石以昭示于方来」

      宋国亨

        国住   国□

        国玉   国□

……乙酉年□月□□日□□□□□建昌卫儒学廪膳生员宋□□□□同族长幼宋让立

**注释**：

    [1]   奉直大夫  明代文官散阶从五品。

    [2]   沾益州知州  沾益州，今云南沾益。知州，明代州一级的行政长官。

    [3]   乡贡进士  唐代制度，各地品德、文学皆优的士子经地方长官考核后，由县报给州，再由州的长官提名推荐给中央，这个士子即称乡贡进士。乡贡进士还不是进士，只是由本乡贡献给朝廷，已经取得参加进士考试资格的士子。明清时代常将有参加进士考试资格的举人雅称为乡贡进士。

    [4]   保宁府阆中县  即今阆中市。

    [5]   谪戍，明代向派驻军队防卫地方有多种方式，谪戍是其中一种，即将有罪之人强迫迁往某地从事戍卫地方的制度。

    [6]   县丞  县令的辅佐官，相当于现在的副县长。

    [7]   判官  始设于隋代，原为临时派出处理特殊事务的官员，此后历代其职位大小有所变化。明代只在州一级设判官，职位不高。

    [8]   通判  明代设于各府，分掌粮运及农田水利事物的基层官员。

**短评：**

此碑落款只存"乙酉年"三字，碑文为马中良所撰。凉山州博物馆藏有马中良于万历三十年为其祖马芳所刻墓志铭，由此可知马中良为明万历年间人，而其时唯有万历十三年的干支为乙酉，故推知此碑镌刻于明万历十三年。

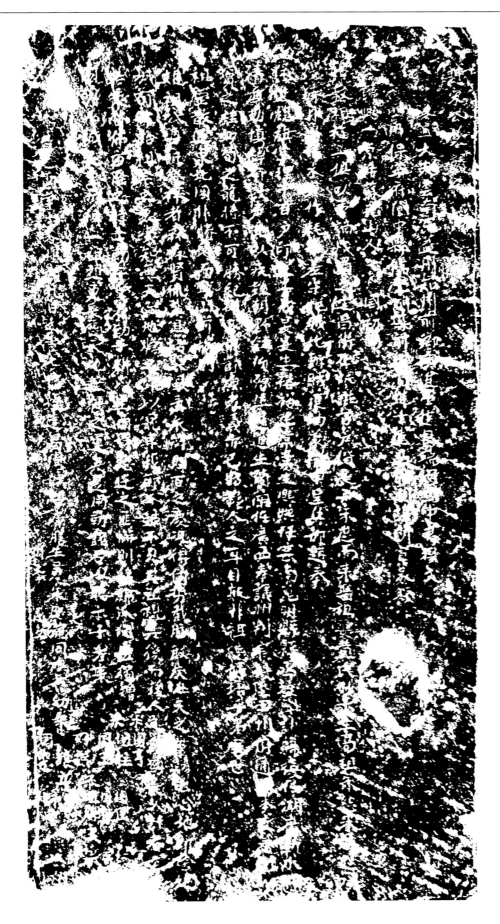

## 17．许德轩夫妇墓志

**形制：** 横长方形
**尺寸：** 高31、宽57厘米。
**石质：** 青石
**年代：** 明万历十三年（公元1585年）
**地点：** 现存凉山州博物馆
**碑文：**

题逸士德轩许公夫人丁氏墓志铭
奉训大夫[1]知湖广道州□庵胡全礼撰文
吏部候选古越郡乡贡心葵府臣忠书丹
夫许公祖贯金陵句容，国初重边防，故蜀」南有其氏焉。历考往世，只惟荷未贩贾，□隶」之习无闻。公生岐嶷骏佶，就社师学，以家窘」未竟其举。及稍长，经营以资八口，不以家事」烦乃翁。其胞弟有三：曰诤、议、谏，惟公闲之以」礼，一越佚即正色相戒，必改而后已。出入与」俱，甘苦与共，友爱不失赤子之心。其庭训子」侄□于师督，故子应弟、侄化龙偕登弟子员」焉。公之□笑不苟，步趋维闲，洵一方之表率。」嗟嗟，公虽未食禄矣，而以丰资裕；虽不□仕矣，而与友乐荣。且周恤困乏，交友贤良，固知」公非守财混俗辈也。及就枕之日，天地为之」惨暗，雷霆为之震怒。其侄化龙以补廪役客」省，梦公与之诀曰，予以冯夷有约，阳侯候代」，家声汝其丕振乎。及讣音至，方知公之解脱」也。公讳赞，字天懿，娶丁氏，同加靖戊戌七月」朔二日公生，廿七日夫人生。惟夫人持顺节，」理中馈，盖有鸡鸣之风焉。公卒于万历壬□」七月十一，夫人卒于甲辰正月廿七。生子一，」配薛氏，孙男二，女三；生女一，适婿唐应龙，乃」文林郎[2]石溪公元孙也。后裔绳绳，公其为□」之不死矣。将葬于名山白宕，乃投心葵府□」云公形状，丐余志之。余韶年知公名，今与□」公弟侄游，故不饰立言，为之铭曰：
维南有山，崖崖其峙，先生之德，并崇无替。维西有兰，馨馨其香，夫人之德，且馥且芳。
明万历乙酉仲冬望后一日吉旦
　　　男应弟、侄化龙立石

**注释：**

　[1]　奉训大夫　明代文官散阶从五品。
　[2]　文林郎　明代文官散阶正七品。

**短评：**

　　西昌的汉族多为明清时期从各地迁徙而来的移民，此墓志铭表明明代西昌的移民有来自南京地区的。

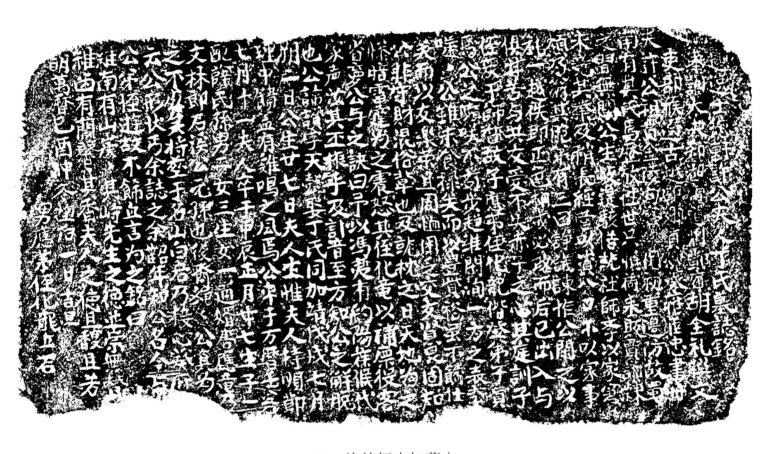

17．许德轩夫妇墓志

# 18. 泸山寺[1] 饮至[2] 诗碑

**形制：** 横长方形

**尺寸：** 高74、宽148厘米。

**石质：** 红砂石

**年代：** 明万历十五年（公元1587年）

**地点：** 碑现在西昌市泸山光福寺

**碑文：**

泸山寺饮至

战后河西百寨空，黄云白草剩悲风。鲸鲵戮尽成京观[3]，邛海波涛血尚红。

宴罢辕门日色曛，椎牛醲酒劳三军。铙歌[4]已奏平蛮曲，铜柱[5]应标雪岭云。

万历丁亥春潮阳周光镐[6]

**注释：**

[1] 泸山寺　即西昌泸山光福寺。

[2] 饮至　上古时期的一种典礼。诸侯朝会盟誓之事毕，回宗庙饮酒庆贺。《左传·隐公五年》："三年而治兵，入而振旅，归而饮至。"

[3] 京观　古时战争，胜利者积敌尸封土其上以表战功，称京观。《左传·宣公十二年》："君盍筑武军而收晋尸以为京观。"

[4] 铙歌　铙乃古代军队所用的乐器，此处以铙代军队，铙歌即军歌。

[5] 铜柱　东汉马援征交趾，立铜柱以纪功，后立铜柱便成为立军功的代名词。

[6] 周光镐　号耿西，广东潮阳人。明隆庆五年（1571年）进士及第。万历十四年（1586年）奉四川巡抚徐元泰命以监军率兵平建昌土官瞿绍良之乱，事平，民得以安。万历二十年（1592年）任建昌兵巡粮储督学道，有政声。

**短评：**

据民国《西昌县志·兵寇志》载："（明）万历十五年，建昌土官瞿绍良部酋、安守、五咱、大咱叛，四川巡抚徐元泰以监军周光镐、总兵李应祥督军分击，先后破之。"又同书《政制志》载："（周光）镐为监军从征建夷，事平，会诸将于泸山光福寺，举饮至之礼，作饮至诗二首刻于石。"

18. 泸山寺饮至诗碑

## 19. 渔篮观音[1]造像碑

**形制：** 圆首长方形，碑额浮雕龙纹，正中阴刻"御制"两个篆书大字，碑正面阴线镌刻"鱼篮观音图"。碑阴刻"重修大悲观音石像碑阴记"。观音造像为一中年女性，美发高髻，面容丰腴，细眉小口，前胸微露，内着右衽衣，外罩云纹长衫。右手提一只四系竹篮，篮底垫柳叶，叶上放一条活鲜鲤鱼。身后为一莲池，池中荷花怒放，一派生机。观音神态妩媚，赤脚，正飘然信步于莲池畔。阵阵轻风，裙衫腰带随之飘动。观音右脚下方刻善财童子，侧对观音，双手合十，作顶礼膜拜状。碑之两侧阴线镌刻龙纹。除碑文外，碑左上角刻"慈圣宣文明肃皇太后之宝"印文一方。

**尺寸：** 高219、宽82、厚16厘米。

**石质：** 红砂石

**年代：** 明万历十五年（公元1587年）

**地点：** 碑现在西昌泸山观音阁

**碑文：**

赞曰：惟我」圣母，慈仁格」天。感斯嘉兆，」阙产瑞莲。加」大士像，勒石流传。延」国福民，宵壤同坚」。

慈圣宣文明肃皇太后之宝

大明万历丁亥年造

　　　　原任云南沾益州知州臣马中良重刻石

**注释：**

　　[1]　渔篮观音　即马郎妇观音，乃《法华经·观世音菩萨·普门品》所载"三十三观音"之一。宋濂《渔篮观音赞》记载了这段著名的佛教故事，谓唐元和年间，陕西有一卖鱼女，每日提篮卖鱼，因有姿色，往求婚者甚众，卖鱼女曰，欲娶亲者，一夜能背诵《观音普门品》者即嫁之。明晨，得能背诵者二十人。女又曰，我一人之身，岂可嫁多人，一夜能背诵《金刚经》者嫁之。至天明能背诵者尚十余人，女复以《法华经》相约，唯马氏子能背诵，女如约嫁与马家。迎娶之日，宾客尚未散去，女即暴卒，葬于郊外金沙滩。数日后，有老僧挂锡杖来访，问女下落，马氏族人导僧至葬女处，僧以锡杖开坟，唯一副黄金锁子骨在其中。僧对众人曰，此乃观音菩萨化身来教化汝等。言毕，以锡杖挑骨，凌空而去，自此陕西信奉佛教者甚众。

**短评：**

　　西昌泸山鱼篮观音为建昌人士马中良所刻，马氏所持拓本来源于北京，具体过程参见刘世旭、张正宁《西昌泸山〈渔篮观音图〉画像碑考略》，《四川文物》1992年第3期。

19. 渔篮观音造像碑

## 20. 播州营题记及播州营碑记碑

**形制**：题记与碑记刻在一自然岩石上，左题记，右碑记。碑记系在岩石上刻出圆首长方形碑形，碑额阴刻"碑记"二字。

**尺寸**：题记高67、宽156厘米，碑记高115、宽59厘米。

**石质**：红砂石

**年代**：明万历十六年（公元1588年）

**地点**：题刻与碑记碑现在美姑县侯不乃托乡巴千村

**碑文**：

题记

播州营

碑记

皇明万历十六年戊子岁春三月，」播州宣慰使司宣慰使[1]骠骑将军[2]杨督[3]」统兵万，奉行」天罚，屯营于此。俘歼贼保，扫穴犁庭，刻石为」记。

**注释：**

[1] 播州宣慰使司宣慰使　土司名。宋嘉熙年间置播州安抚司，治今贵州遵义。元至元二十八年（1368年）改为宣抚司，明洪武六年（1373年）升为宣慰司。杨氏土司世有其地，明万历二十八年（1600年）平杨应龙，次年改置遵义府。　元明制度，在少数民族地区推行土司制度，设置的世袭土司中，以"宣慰使司宣慰使"为最高官职（从三品），下设同知、副使、佥事等。

[2] 骠骑将军　明代武官散阶正二品。

[3] 杨　即明代播州土司杨应龙，世守播州多年，跋扈不法。万历二十八年（1600年），明朝廷遣总督李化龙讨播州，同年六月，杨应龙兵败自缢。

**短评：**

明万历十六年春，总兵李应祥统官兵讨安兴于大凉山天姑密，播州土司杨应龙随征。清《越嶲厅全志·武功志》对此役记载较详："明万历十五年，邛部夷撒假，合雷波夷目杨九乍、黄郎夷首安新叛……万历十六年正月乙丑，撒假纠众由大木瓜两路突击官兵，播州兵大呼，李应祥截取其械杖始退。"

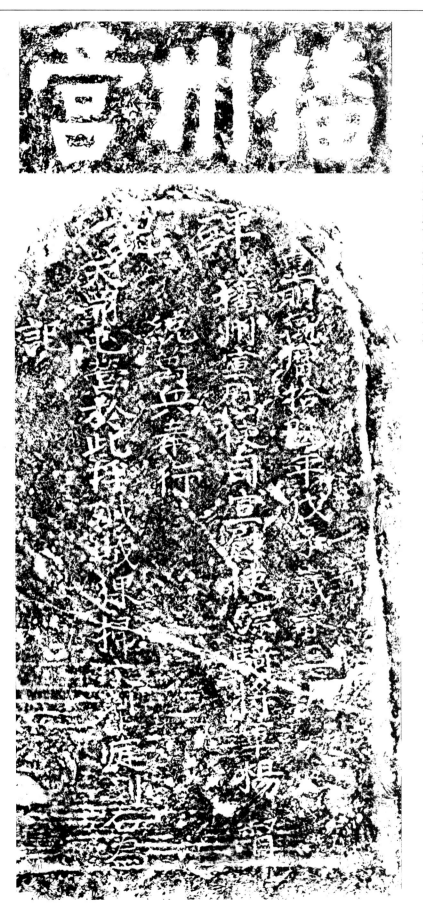

## 21. 钟辅夫妇墓碑

**形制：** 圆首长方形，四缘阴刻云气纹，中部断裂。

**尺寸：** 高110、宽54厘米。

**石质：** 红砂石

**年代：** 明万历二十一年（公元1593年）

**地点：** 碑现存凉山州博物馆

**碑文：**

元祖端□□福，籍系河南府嵩县人。洪武元年从戎，功升百户。二十七年」□建昌□□后所。三十三年升千户，三十五年升指挥[1]。在此三坡村□」业，开熟□□六十亩。四至安士官地界。传留高祖贵、曾祖成、祖湧□」……□□守七代。赞曰：麟趾振振，螽斯蛰蛰。万古千秋，永昌永吉。」……□□五分。□考黄冠任千户，故称宜人。」……巳岁冬月辛亥十八日丁酉吉时丁未建碑。」

明故显 考昭信校尉[2]钟辅 之墓
　　　姚懿德宜人[3]周氏

孝男百户 钟□ 黄恩□ 同立

**注释：**

[1]　百户、千户、指挥　明朝军队中低级官吏的级别。

[2]　昭信校尉　明代武官散阶正六品。

[3]　宜人　明清时期封建等级制度，正、从四品官的妻子称恭人，正、从五品官的妻子称宜人，正、从六品官的妻子称安人，正、从七品官的妻子称孺人。

**短评：**

　　此碑文所载墓主元祖洪武三十三年升千户，三十五年升指挥。明洪武只有三十一年，后建文帝统治了三年，明成祖夺得政权后将建文帝三年改为洪武三十五年，此乃明成祖不承认建文帝为明太祖的继承人的一种行为。

　　此碑文因风化漫漶，纪年之干支只存一"巳"字，但其月份干支为"辛亥"，查陈垣《廿四史朔闰表》，该年应为癸巳年，即明万历二十一年。

　　西昌现在的汉族，其祖先多为明朝初年的外来移民，其中多有军人。此碑反映其中有部分移民来自河南。

## 22．马芳墓志

**形制：**横长方形

**尺寸：**高50、宽90厘米。

**石质：**红砂石

**年代：**明万历三十年（公元1602年）

**地点：**碑原在西昌市西郊南坛土城巷，现存凉山州博物馆。

**碑文：**

明奉直大夫云南沾益州知州马中良之祖父寿官[1]遯庵马公讳芳墓志铭

万历壬寅年正月吉旦立

**注释：**

[1] 寿官　明代养老制度中赐予老人冠带的头衔，明英宗天顺二年以后出现，是必逢恩诏才赐予的头衔，有明一代只颁赐过十九次，经由地方推举的方式产生。

**短评：**

此乃马中良为其祖父马芳镌造的墓志铭，马芳被赐予寿官头衔，虽然根据制度是由地方推举，但其孙马中良云南沾益州知州的身份应该起了很大作用，这在封建社会是十分常见的事。

22．马芳墓志

## 23. 白塔寺残碑

**形制：** 长方形，下部残，四周阴刻卷云纹。

**尺寸：** 残高80、宽73、厚　厘米。

**石质：** 红砂石

**年代：** 明万历三十年（公元1602年）

**地点：** 碑原在西昌凉白塔寺（今凉山州军分区），现存凉山州博物馆。

**碑文：**

……非以在其传者亦惑也。释氏[1]以清净为宗，以苦空为行，然则清净未始……」之矣。余则不然，从其不负不杀之教，以化世人悖乱争夺之心，而……」富贵威权，则利欲不乱其中，纲常克尽其分，温厚和平，争夺不兴，……」之白塔寺[2]创自六诏[3]景庄[4]者也，年远寺隤，不胜芜秽。而况兵火叠逢，莲花座……」是僧也，非流俗之头陀，乃逃儒而归禅者。取舍佛教大略，合于余心，因与之谋，爰捐……」一通。授之使募，此辛丑年事也。明年工成，余往视之，不惟崇隆浮屠[5]，庄严诸佛，即□……」田土皆清而归于寺中，以供本寺僧人衣钵，接待十方衲子沙门[6]。规制及檀越[7]……」务须戒律自持，敦纲常达人天之旨，则丛林[8]之不朽正不在佛而在僧也。□不独□……」

（以下为立碑之游击，建昌卫掌印守备，前、左、中、右、礼州所官，经历司，儒学教授，流寓，乡绅，寿官，生员，信士，工匠等姓名，略）

……州张元凯、虞卿甫薰沐撰

**注释：**

[1]　释氏　因释迦牟尼为佛教创始人，故又称佛教中人为释氏。

[2]　白塔寺　又名景净寺，乃唐咸通年间南诏世隆为其母所造，故址在西昌明清古城西北隅，今凉山州军分区。寺中有白塔一座，白塔寺因之得名。

[3]　六诏　唐朝初期在分布在滇西的六个较大的民族部落，史称"六诏"。《新唐书。南诏传》曰："夷语王为诏"。"六诏"即施浪诏、浪穹诏、邓賧诏、越析诏、蒙嶲诏、蒙舍诏。后来其中的蒙舍诏在唐王朝的支持下统一了六诏，建立了西南地区的一个少数民族政权，因其位于"六诏"之南，故史称"南诏"。

[4]　景庄　南诏王世隆（又名酋龙）死后的谥号。南诏的世系为：罗盛—盛罗皮—皮罗阁—阁罗凤—凤迦异—异牟寻—寻阁劝—劝龙晟—劝利晟—劝丰佑—世隆—隆舜—舜化贞。世隆乃一穷兵黩武之君，曾多次率兵攻打越嶲、成都等地，唐僖宗乾符四年（公元877年）因攻打成都失败，忧郁而死于建昌景净寺（即西昌白塔寺）。

[5]　浮屠　又作浮图，即佛塔。

[6]　衲子沙门　衲子，衲，僧衣，借作僧人的代称，故僧人也称衲子。沙门，梵语音译词，指出家修行的佛教徒。

[7]　檀越　佛教徒对施主的雅称。

[8]　丛林　佛教寺院的别称。

**短评：**

　　白塔寺为西昌著名佛教寺院，为南诏世隆为其母所建，是研究南诏史的重要文物之一。白塔寺因寺内有一砖结构密檐式白塔而得名，原塔毁于明嘉靖十五年（1536年）地震，南明永历十年（1656年）重建，复又毁于清道光三十年（1850年）大地震，现存之塔为清咸丰九年（1859年）在原址上重建，但塔仍位于原寺院中部，尚保存了唐代佛教寺院的格局。白塔寺现为凉山州军分区驻地。

23．白塔寺残碑

## 24．段文学捐资塑绘释迦佛像题记

**形制：**圆雕结跏趺坐佛像，佛像头残，题记阴刻于佛像背部。

**尺寸：**残高65、宽32～50、厚16～32厘米。

**石质：**红砂石

**年代：**明万历三十三年（公元1605年）

**地点：**原在西昌泸山玉皇阁，现存凉山州博物馆。

**碑文：**

大明国四川行都司建昌卫[1]东土城外马水长江村居住奉」佛塑绘信士段文学、偕缘信女刘氏善真、孙段彩鹤、林氏」泊合家发心于是日上干」天聪下情，□于万历三十三年三月二十日夫妇发心捐资命匠塑绘」释迦佛一尊，安于泸山」玉皇阁[2]后殿侍奉，布种令生福果，功修后世津梁，用助遐龄」，增崇善果，谨意。

**注释：**

　　[1]　建昌卫　明洪武十五年（1382年）在元建昌路区域内置建昌卫，二十五年（1392年）置建昌卫军民指挥使司，治今西昌市。

　　[2]　玉皇阁　西昌泸山著名道教寺观，现存寺观为清代建筑。西昌泸山为儒佛道三教庙宇集于一山的宗教风景胜地，从山脚到山顶共有庙宇十一座，依次为隐溪寺、刘公祠、光福寺、三教庵、祖师殿、瑶池宫、观音阁、玉皇阁、三教殿、青羊宫、五祖庵。

**短评：**

　　西昌泸山玉皇阁乃道教宫观，却同时供奉有释迦佛造像，此种现象不但在西昌存在，在全国许多地方都有此类情况出现。中国民间对宗教采取的是一种实用主义态度，因之在一些边远且文化不发达地区的庙宇中常出现供奉不同宗教神祇的现象。

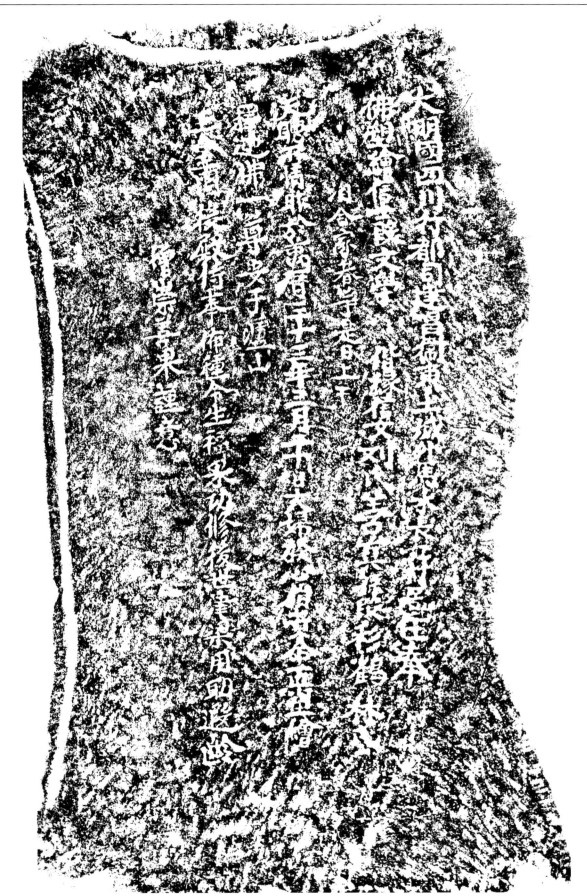

## 25. 杨桂裕镌造毗卢佛像题记

**形制：** 圆雕结跏趺坐佛像，佛像头残，题记阴刻于佛像背部。

**尺寸：** 残高64、宽32～50、厚15～30厘米。

**石质：** 红砂石质

**年代：** 明万历三十三年（公元1605年）

**地点：** 原在西昌泸山隐溪寺，现存凉山州博物馆。

**碑文：**

建昌卫泸沽里南山下居住，镌造」金相信士杨柱裕，同缘王氏圆清，男杨栋，发心于」万历三十三年二月十五日，捐资命匠余加臣镌造」金相毗卢佛乙尊，铸造」万岁牌乙座，迎安隐溪寺侍奉，祈见福寿」

布果坚牢，谨意。

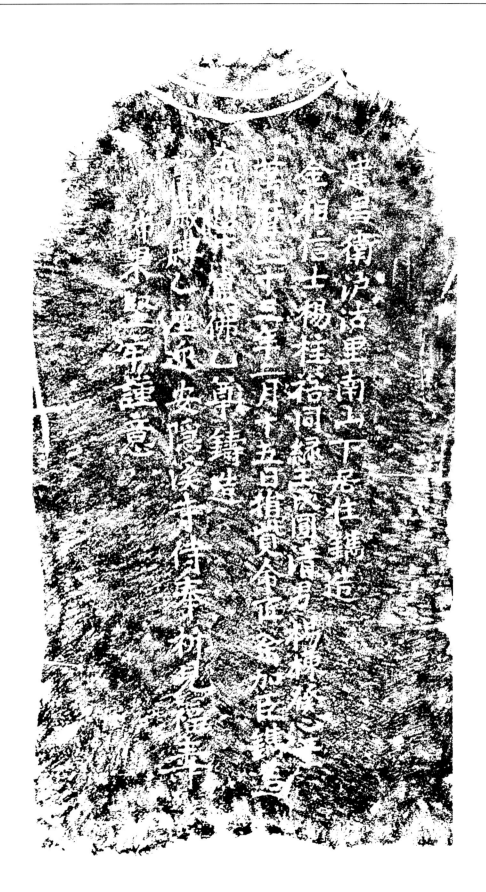

## 26. 徐大国镌造金轮炽盛光王佛像题记

**形制：** 圆雕结跏趺坐佛像，佛像头残。题记阴刻于佛像背部。

**尺寸：** 残高65、宽34～50、厚16～31厘米。

**石质：** 红砂石。

**年代：** 明万历三十三年（公元1605年）

**地点：** 原在西昌泸山玉皇阁，现存凉山州博物馆。

**碑文：**

大明国四川行都司建昌卫东土城外马水长江村居住奉」佛造圣信士徐大国、信女张氏善缘」是日上干」圣造下情夫妇发心于万历三十三年三月二十日命匠镌造」金轮炽盛光王佛一尊，奉于」玉皇宝阁供养，祈保夫妇作今生之福果，积来世之」功勋，忏罪省衍，增延福寿者。

## 27. 徐大国镌造觉华寺自在王佛像题记

**形制：** 圆雕结跏趺坐佛像，佛像头部残，题记阴刻于佛像背部。

**尺寸：** 残高63、宽31～51、厚16～32厘米。

**石质：** 红砂石。

**年代：** 明万历三十三年（公元1605年）

**地点：** 原在西昌泸山玉皇阁，现存凉山州博物馆。

**碑文：**

……建昌卫东土城外，马水长江村居，奉」□造像。信女张氏善缘、夫信士徐大国」是日上干」大造下情，发心于万历三十三年三月二十日命匠镌造」觉华定自在王佛一尊，奉迎于」玉皇宝阁供养，祈保夫妇□儿存福，积来」世功，忏罪省愆，增延寿□者。

27·徐大国镌造觉华寺自在王佛像题记

## 28．莫汝贵镌造西方教主佛像题记

**形制：** 圆雕结跏趺坐佛像，头部残，碑文阴刻于佛像背部。

**尺寸：** 残高64、宽30～51、厚13～31厘米。

**石质：** 红砂石

**年代：** 明万历三十三年（公元1605年）

**地点：** 原在西昌泸山玉皇阁，现存凉山州博物馆。

**碑文：**

大明国四川行都司建昌卫中左所东土城外马水长江」村居住信士莫汝贵、缘人杨氏常净同男莫继祖□□□」杨氏六孙男莫于经、孙妇杨氏幺姐。汝贵夫妇发心于」万历卅三年四月吉日命匠于家镌造」西方教主佛像一尊，迎送」玉皇宝阁侍奉，作今生之福果，积来世之功勋，」专祈老年康泰，福寿绵延吉祥，谨意。

## 29. 段文华镌造药师佛像题记

**形制：** 圆雕结跏趺坐佛像，佛像头残，题记镌刻于佛像背部。

**尺寸：** 残高65、宽30～50、厚15～30厘米。

**石质：** 红砂石。

**年代：** 明万历三十三年（公元1605年）

**地点：** 原在西昌泸山玉皇阁，现在凉山州博物馆。

**碑文：**

大明国四川行都司建昌卫永宁里东土城外马水」长江村居住信士段文华、缘金氏善缘夫妇发心于」万历三十三年三月吉期，镌造」药师琉璃光王佛一尊，迎奉」玉皇宝阁侍奉，祈保夫妇寿命延长，今生之福果已作」来生收用，同男段朝玉、朝佩吉期安位，谨白。

## 30. 郑荣华镌造佛像三官[1]像题记

**形制：** 圆结跏趺坐佛像，佛像头残，题记阴刻于佛像背部。
**尺寸：** 高65、宽36—38、厚16—30厘米。
**石质：** 红砂石质
**年代：** 明万历三十三年（公元1605年）
**地点：** 原在西昌泸山玉皇阁，现存凉山州博物馆。
**碑文：**

郑荣华、曾氏清元同男郑仕忠、君铸镌」西方弥陀觉华定日在三金轮炽盛药师光王佛四尊、」三官[1]三尊共七位，祈福永固，谨意。

**注释：**

　[1]　三官　即道教神祇天、地、水三官，民间认为天官赐福、地官增寿、水官解厄，故常供奉三官。

**短评：**

　　佛道造像供奉于一处，是中国民间常见的现象，特别是越到社会底层，这种现象越为明显，充分反映了中国民间底层民众的宗教观和宗教习俗，西昌泸山上的庙宇即是一座儒佛道同处一处的"三教名山"。

## 31. 发蒙寺<sup>[1]</sup>碑

**形制：**残，只存下半部分，碑四缘阴刻蔓草纹。

**尺寸：**残高75、宽62厘米。

**石质：**红砂石

**年代：**明代（根据此碑碑文内容及碑之形制，推测此碑为明初之物。）

**地点：**碑原在西昌发蒙寺，现已不存，拓片存凉山州博物馆。

**碑文：**

……富甲□他所，民俗好善，崇奉释氏之教，其□尚矣。」……与子同往建寺之所，子忽能语，其寺始建，因名发蒙」……寺晚钟之景[2]。洪武二十五年，大军克取建昌，寺经兵」……载，佛像模糊，殿宇摧毁，钦惟」……人真晶，缘寺颓弊，敬持短疏劝募，名公巨臣都垣卫」……二载，匠事毕矣。于是命工塑绘诸佛遗像，焕然一新。旁」……上人乐于修行，祝」……之圣人也，自汉流入中国，至兹千有余岁，□天下之」……所以振宗风之沙门，化民俗于□境，祈晴祷雨，集福消灾」……德行精专，故募功一举而所用咸足，其寺之成，比旧增美」……功行，俾佛像愈久而愈新，殿宇永远□□，尔僧之功。与」……请敬述此以为记云。」……浩述」……如定、如镜、如相、如兰、如□」、如尚、如□、如镇」……主觉性、徒孙性才、性怀」……田。功德主朱贵，匠人尹伯富、张□忠镌」善士明惠书。

**注释：**

[1]　发蒙寺　位于西昌白塔寺西南，民国《西昌县志》称寺建于唐贞观十三年（639年），现寺已不存。

[2]　晚钟之景　据民国《西昌县志》云，发蒙寺接引佛前有石窟，内容石子，泸山光福寺钟鸣则动，故有古寺晚钟惊石子之传说。

**短评：**

据西昌旧地方志及民间传闻，皆有发蒙寺、光福寺、白塔寺、螺髻寺均始建于唐代之说。然迄今皆未发现能证明诸寺始建于唐代的实物证据，但诸寺建于明代或明以前是有文物可证的。另外，据《泸山寺院创建碑》记载，西昌一带在洪武七年就已经奉明正朔，该碑记载的明洪武二十五年"大军克取建昌"，乃平定月鲁帖木儿叛乱之事。

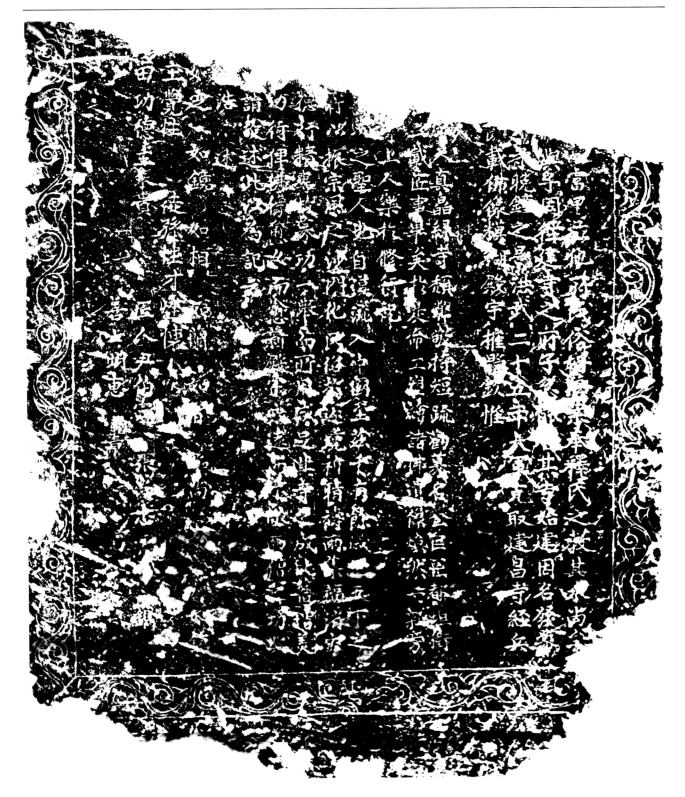

31. 发蒙寺碑

## 32．施田崇祀碑记碑

**形制：** 长方形
**尺寸：** 高143、宽67、厚16厘米。
**石质：** 红砂石
**年代：** 南明永历六年（公元1652年）
**地点：** 碑现存凉山州博物馆
**碑文：**

施田崇祀碑记
尝闻蜀之峨眉山有飞来庙，乃知」东狱圣帝神灵赫奕，福国佑民，功德浩荡，司罪福之权于不已者。戊子春予奉」命简治兹土，甫居监理衙署，第见左有」东狱宫殿，及至朔旦一瞻礼焉。睹其圣像巍峨，诚为一方仰祀。试询其创庙之源，时方城郭未设，彼地尝闻钟鼓笙乐之声，」有洪氏善叟者至，笙乐复鸣，拙地三尺得白玉像一尊，背书」中界至尊东狱天齐数字，善叟曰，此地乃东狱旧宫也，遂资鼎建，殿宇峥嵘，像貌森严，历既有年。予闻言栋讶，于是招僧焚□」，乏常住田种，无以资供祀也。后察城西外火神庙有张奇业开垦教场坝田种一石五斗，人绝庙毁，踏明以施」东狱庙内，先给示令住持僧觉真招种纳租，以资香灯。又捐备买古铜炉瓶一副、铜锅一口，永充常住。真故前后殿宇久已倾颓□，」真玉不忍坐视，叩化庙前挥使赵君宣，首倡并化檀越捐资重整。睹前功而继后，务使香火相传于弗艾。则常住永固于□□」容势豪以侵占，庶几不负造端乐施之愿也，特镌之石以志不朽云。
钦命鸿胪寺正卿管监理府事朱奉玺薰沐顿首拜撰
钦命建昌兵粮道按察司副使马鸣霆
钦命驻镇建南铁骑右营都督府刘镇国
钦命四川行都使司掌印总镇府孙韬
建昌等卫监理府曹其正
总理四川行都使司操捕游击杨世材
管理会盐都司赵景芳
坐营都司赵祯胤
盐井卫掌印都司赵君宣
建昌卫掌印都司俞忠良
宁番卫掌印都司王命宣
功授都司赵祥胤
本卫将官姚之训 周柱 儒学教授沈勋 指挥同知陈虞治 经历王永泰 土官指挥使安噜柏 会盐中军杨月良
（以下为生员、信善姓名，略）
永历六年岁次壬辰季夏月上浣之吉立。

**短评：**
　　此碑对于研究凉山地区的南明史具有较为重要的价值。明崇祯十七年（1644年）李自成农民起义军攻入北京北京，明王朝亡，随后清军入关，明朝的一些宗室在明朝旧臣或农民起义军余部的拥戴下在南方建立了几个小朝廷，如朱由崧的弘光朝、朱以海的鲁王监国、朱聿键的隆武朝和朱由榔的永历朝等，史称南明。其中先后活动广西、贵州、云南的永历朝延续的时间最长，达十五年。拥戴永历帝的除了部分明朝旧臣外，主要力量是张献忠农民起义军的余部，其中的刘文秀部占领西昌的时间较长，根据此碑内容，反映南明永历政权当时在西昌（建昌）的各级地方行政机构基本健全，说明当时其在建昌的统治基本上保持了稳定。

另，永历乃南明朱由榔的年号，其时清王朝早已定鼎北京，永历六年即清顺治九年（1652年）。

32·施田崇祀碑记碑

## 33．修古塔记碑

**形制：** 横长方形，四周框以阴刻云纹。

**尺寸：** 高65、宽145厘米。

**石质：** 青石

**年代：** 南明永历十年（公元1656年）

**地点：** 碑现在西昌市白塔寺（今凉山军分区）白塔上。

**碑文：**

（上首刻有一排藏文）

　　修古塔记

钦命驻镇建昌等处地方都督府常荣捐资鼎建」标下参游等官徐豹变、袁先、郭进成、陈良植、」方亮、张化□、张腾云、李之香」监理管学政事同知刘之谦、抚夷府同知尹三聘、」会川游击府杨世材、冕山驿捕司赵景芳、」会盐都司张宠容、宁越都司王命宣、」督标旗□游击赵景鼎、驻防宁番都司赵祥胤、」管队高上乾、陶应葵、何启龙、李小九、何玉、金万库、」王得胜、白玉、余国虎、陈明、叶方新、张大才」

　　古塔

建昌衙掌印指挥俞忠良、屯局指挥王长松、操捕守备周□凤、」盐宁二衙掌印指挥张先声、方元升、镇抚指挥江自贤、效用都司赵祯胤、」伍所掌印指挥千百户赵应宣、付玉春、覃福祚、冯国建、许国贤，」儒学教授□荣阶、熊其□、经历尤济、税课司王永泰、」乡官张光春、沈勋、杨华、邓绍禹、」督工经历李惟仲，土官指挥安噜柏、安泰宁，」僧刚司[1]常聘、绍续、续传、历士徐大俊。」

永历拾年岁次丙申仲春月吉旦立

**注释：**

[1]　僧刚司　明代洪武十五年仿照宋代制度设置各级僧司和僧官作为管理僧人的专门机构。其制为：在京城设僧录司，府一级设僧刚司，州一级设僧正司，县一级设僧同司。明代因之未变，明代在今西昌设建昌府，南明永历政权因之，故在建昌府依制设僧刚司。

**短评：**

　　永历乃南明朱由榔年号。永历帝于清顺治四年（1647年）监国于梧州，后迁肇庆，永历十年（1656年）再迁昆明。当时永历政权还拥有西南部分地区，在建昌（今西昌）就有刘文秀所属的郝承裔部队驻扎。此碑上众多南明朝廷的地方政权文武官职对于研究南明史是宝贵的资料。

　　此外，古白塔是西昌著名的佛教胜迹，特别受藏族僧众的顶礼膜拜，所以塔上刻有藏文。据民国《西昌县志·祠祀志》载："西邑（即西昌）之有喇嘛教，遗迹颇多……又城西石塔街口立有藏文石塔，为喇嘛向白塔寺朝佛指路碑，街亦以此得名，是光福寺及白塔寺等，古为番僧往来礼佛之场。"

33. 修古塔记碑

# 清代碑刻

## 34．寿福寺碑

**形制：** 圆首长方形，碑额刻阴彩云托日图案与云气纹，横额阳刻"永远常住"四个楷书大字，字之
两侧阴刻书卷、笔和如意图案，碑两侧阴刻莲花纹。

**尺寸：** 高129、宽62厘米。

**石质：** 红砂石

**年代：** 清乾隆十四年（公元1749年）

**地点：** 碑现下落不明，拓片存凉山州博物馆。

**碑文：**

观音阁为吾楚之」寿福寺也。有寺不可无僧，有僧不可无田，此寺租所由设也。绿沙坝田亩，古名
那拱，是吾楚接买王荣」之业，契约炳据，原粮五斗。于康熙五十五年因强徒争沟，荒芜多年，银
仍赔累。雍正拾一年奉例开」垦，嗣经绅士赵子贤与吾楚众等谪垦[1]，将前项田亩编立合约三股分。
吾楚得受上坝一股，约种一」石五斗，分粮乙斗七升，额租三十石整。东至大山，南至小岭杆水
碓沟横田硬，直至河坎，西至大河」，北至大渡口黄泥嘴。招佃垦熟，颇废心力。兹蒙邑宰常公之
命，此田宜归观音阁，以作常住之」资，庶僧可以栖而寺得以聿久而聿新矣。今王锡正、段明山、
阳又苏谨同客长李定伯、保正曹凤卿、」谢乃文等恐后无考，勒石以志不朽。外记菜园子田二处，
滥坝田二块，租谷三石；大坪高」宅子田一块，租谷二石；陈老道字绍武捐银五两资助灯油，每年
利租谷二石五斗正。」靖州。乾隆十七年十月内有张云蛟因表兄李德珍乏嗣，遗业保保田秧一块，
逐年纳租四石，纸房地」租银五钱，其舍白契约，蒙顾主赏恩交给曹凤卿之手，张云蛟比得受田价
银三两五钱整」，此批。寿佛寺山门外铺地租，众会首公议，每年每间地租银三钱，每年收入」寿
佛寺以作灯油之资。付勒永记。」衡州。乾隆十九年重修庙宇，缺乏匠费，众将滥坝二处田」当□
□付给，未经取赋。」二十六年二月初八日，李文吉自发善心，捐」金拾二两□分，仍取入寺，永
远供」佛及僧。」

客长谭连章、黄儒卿、谢云飞、谢如斐敬书。湘东王三才、伟若、住持僧月轮、徒静庵。」

乾隆十四年仲夏月中浣　谷旦　石匠任葵茂　同立

**注释：**

　　[1] 谪垦　即谪屯。明代是我国历史上屯田制度最为完善的时期，当时的屯田可基本分为四类，即民屯、军屯、
商屯和谪屯。所谓谪屯，就是佥发罪犯从事屯种的屯垦制度。

**短评：**

　　该碑记载了湖南移民在宁远府垦田的情况。碑文中所载谪垦一事，证明清雍正时期（雍正十一
年），当时的西昌一带还有谪垦。

　　另，该碑立于乾隆十四年，后又于乾隆十九年和二十六年在上增刻了内容。

34·寿佛寺碑

# 35．公禁碑

**形制：** 圆首长方形，碑额阴刻团寿纹及"公禁"两个大字。

**尺寸：** 高88、宽45厘米。

**石质：** 红砂石

**年代：** 清乾隆三十六年（公元1771年）

**地点：** 碑现在西昌市沙锅营清真寺

**碑文：**

尝闻土膏润，百卉易生，草木丛，泉流不竭。如沙锅营[1]」山有命脉山一所，上关国储，下资民命。近有不法之徒，任」意窃葬，或放火斩伐，以致山空水涸。在昔雍正年间，董」吴二姓窃葬此山，经建昌卫孙老爷不容二姓安葬，断」案可存。于乾隆三十一年陈万又窃葬麻栗湾，众等告」□西昌大老爷，翟仍不容陈姓安葬。众等公议勒石公」禁。若再放火斩伐，私行窃葬，众等鸣公，公罚决不宽私。」

乾隆三十六年清和月朔吉沙锅营合堡公立

**注释：**

　　[1]　沙锅营 位于西昌市西安宁河西岸的九龙乡，该乡为回族聚居之地，现有建于清代同治年间的清真寺一座。

**短评：**

　　中国民间为维护自家山林田地的权益，常上禀地方官员求得支持，获准后就将官府告示刻碑树立，这是当时为维护社会秩序经常采用的方法。此碑只提到曾告到官府，未刻成告示形式，估计只得到口头承诺。

35. 公禁碑

# 36. 鉴心泉碑

**形制：**长方形

**尺寸：**高137、宽113、厚14厘米。

**石质：**红砂石

**年代：**清乾隆三十七年（公元1772年）

**地点：**碑原在西昌泸山沈家祠，现存西昌市文管所。

**碑文：**

古泉名

## 鉴心泉

乾隆壬辰蒲月下浣沈氏宗祠立

**短评：**

西昌泸山东麓卧云山为泸山著名名胜，有清一代，西昌沈氏族人建宗祠于兹，名"沈家祠"，有泉曰"鉴心泉"。

36. 鉴心泉碑

# 37．螺髻寺[1]常住碑

**形制：** 圆首长方形，碑额阴刻"螺髻寺常住碑"六个楷书大字。

**尺寸：** 高160、宽69厘米。

**石质：** 红砂石

**年代：** 乾隆四十六年（公元1781年）

**地点：** 碑现下落不明，拓片存凉山州博物馆。

**碑文：**

此寺经历五朝[2]，旧有常住，后以无人住持，遂致湮没。乾隆四十一年，滇省」僧祖印来兹，苦行募化，或蒙连舟之赠，或为散腋之集，若不计图久远，诚」恐日后无稽，爰集领办会首，□同勒之贞珉，共期永垂不朽。林下弟子张升序并书。」
一起水田壹硕坐落塔沟坝口，大小十七丘，东至小沟、南至横沟、西至路、北至古路，带秋粮壹斗二升，信善殷允道……。」一起水田壹硕贰斗，坐落塔沟二处，六斗坐杨家园大小九丘，东至古路小沟、南至小沟、西至小路、北至许家坟……」东至古路、南至横沟、西至本宅旱地、北至泸山。常住田大小十三丘，带秋粮壹斗二升，信善殷允道同男恒益、恒……。」一起水田壹硕贰斗，坐落塔沟杨家园，大小二十七丘，东至贾许二宅坟、南北至殷宅田、西至沟，带秋粮壹斗二升，信士……。」一起水田壹硕，坐落西溪新庄子东首坎下，大小八丘，东北至小河、南至坎、西至桥河东，夷粮壹斗，信士马（王炎）同男生翰起、新、荣、玺舍」一起水田叁斗，坐落钟楼坡烧人场下梅子街，大小六丘，东北至本宅田、南至灵鹰寺常住田、西至墙园、水接上分田老沟，秋粮叁号升。」信善杨如川半舍其□价，系钟楼坡众善施出。一起杨藻同男心信、心熙、心敏、心弼舍入水田乙石，坐落小寺脚下，东至沟、南至本寺常住、西北至本宅田，纳秋粮二京升。一起苏登云同男文重、文华、文龙舍入水田壹硕，坐落代管大小八丘，后复同文佐、文明等又舍田乙丘坐落房后，四至以小沟为界，共纳河西粮米二斗。

（以下为会首姓名，略。）

大清乾隆四十六年辛丑岁二阳月立春日众会首同住持僧祖印、贞佑、如本、清福同立。

**注释：**

　　[1]　螺髻寺　螺髻山地跨西昌、德昌、普格三县，为建南名胜，山上原有大小螺髻寺。大螺髻寺在德昌大象坪，现尚有遗迹可寻，小螺髻寺在西昌海南乡，均于清代毁于兵燹。

　　[2]　五朝　根据碑文之意，应即唐、宋、元、明、清五个朝代。

**短评：**

　　螺髻寺传说始建于唐代，然无确切证据，该碑是目前追述螺髻寺建于唐代的唯一佐证。根据明代碑刻追记，西昌泸山隐溪寺始建于唐代天佑年间，白塔寺建于南诏酋龙时期，发蒙寺和光福寺建于唐贞观年间。是否佛教唐代在西昌出现过一个全盛期，故西昌的多处著名庙宇均建于此时，待考。

37.
螺髻寺常住碑

# 38. 严禁差役下乡滋扰地方碑

**形制：** 长方形。
**尺寸：** 高90、宽70厘米。
**石质：** 红砂石
**年代：** 清乾隆六十年（公元1795年）
**地点：** 碑现存会理县文管所
**碑文：**

四川宁远府[1] 会理州[2] 者保世袭司禄[3] 拟奉」特授四川宁远府会理州正堂加五级记录十次 会为」严禁差役下乡私派虫金、夷夫，采买、背运行李，滋扰地方事，案据者保」属下普隔[4] 住民卡目张王具禀：者保、披砂[5] 一带地方，屡被厅」汛三主衙门兵役过往入村滋扰，拨动民夫，压派食费，并压」派采买，每石脚价发钱一千五百文等情。查衙役下乡派拨」人夫，久经严禁在案，具禀前情，合再出示严禁。为此示仰州」属各衙门衙役人等知悉：自示之后，尔等务须痛改前非，非」遇命盗案件，不得私派人夫背送行李，并索酒食，亦不许各」衙门短价采买，揹勒贫民，以致控告不已，各宜凛尊毋违。」
特示 奉」宪准勒石」
右谕通知
乾隆六十年润二月二十九日
实贴以别、之那、横山、凹蜜芥 晓谕
告示

**注释：**

[1]　宁远府　明四川行都指挥使司，清雍正六年（1728年）改置宁远府，以会理州来属，并辖西昌、冕宁、盐源三县及越嶲厅。宣统元年（1909年）增置盐边厅，二年（1910年）又增置了昭觉县。宁远府共领州一、厅二、县四、巡司一（迷易所巡司）、土司十一（威龙州长官司、普济州长官司、昌州长官司、河东长官司、阿都正长官司、阿都副长官司、马喇长官司、沙麻宣抚司、瓜别安抚司、木里安抚司、邛部长官司）。

[2]　会理州　元至元十五年（1278年）置，隶会川路，治所在今凉山州会东县东，明初因之，隶会川府，后改隶东川府。清雍正六年（1728年）裁会川卫移会理州治卫城（今会理城关）。

[3]　者保世袭司禄　会理者保土百户，其先禄阿格，彝族，于清康熙四十九年输诚，其子禄日升因军功于乾隆四年授土百户职。禄氏的势力范围主要在今宁南、会东及会理东部部分地区的交界处。

[4]　普隔　即今凉山州普格县。

[5]　披砂　今凉山州宁南县城所在地。

**短评：**

　　封建社会地方官署的衙役常仗势借诸多事体扰民揽财，如私派虫金、夷夫、采买、背运行李、拨动民夫、压派食费、压派采买等等，不一而足。故官府常出示禁止，但很难禁绝，所以从明至清这类碑刻甚多，反映了在封建制度下此类弊习难除。

38. 严禁差役下乡滋扰地方碑

## 39. 马公墓志

**形制**：长方形，右下角略残。
**尺寸**：高175、宽58、厚7厘米。
**石质**：红砂石
**年代**：清代乾嘉年间
**地点**：碑现在西昌市星宿村沙锅营清真寺
**碑文**：

公乃升龙祖之主器也，原籍江南苏州府青石桥马家巷第十三□□」。祖马纲自洪武二十五年至建昌卫镇守宁番嘎嘎，至三代祖」应元、应权、应忠。应忠祖落业小麻柳大麻栗树，有白绫约为据，后」人掌管过西溪[1]。应权祖落业沙锅营，至中代祖马天良迁居星宿」屯[2]。因山水泛涨，房屋损坏，公又迁于此。其为人也，克勤于邦，克俭」于家，习农圃而精医术，有巨富之势。家传孝弟，子孙共奉为模范；」党论仁义，闾阎共推为仁人。乡党内事无大小，冀一言而后定，公」之所存者大矣。及其晚景，荣华寿考维祺，夫妇同封，如比目而得」水；连理交颈，似鸳鸯以同群。所生三子三女，各贻孙谋，非公之盛」□，曷克臻此耶。聊述梗概，以志不朽。

**注释：**

[1]　西溪　位于西昌市南二十五公里的一座古乡场，明末有一批福建移民居住于此，后逐渐形成场镇。。

[2]　星宿屯　位于安宁河西岸，是西昌的回族聚居地之一，现为西昌星宿回族自治乡。

**短评：**

　　此碑较为详细地记载了西昌的一支祖籍苏州的马姓回族，因戍卫宁番而迁徙到安宁河平原，以及其后子孙繁衍分居各地的情况，对于研究安宁河谷地区回民的移民史具有一定价值。

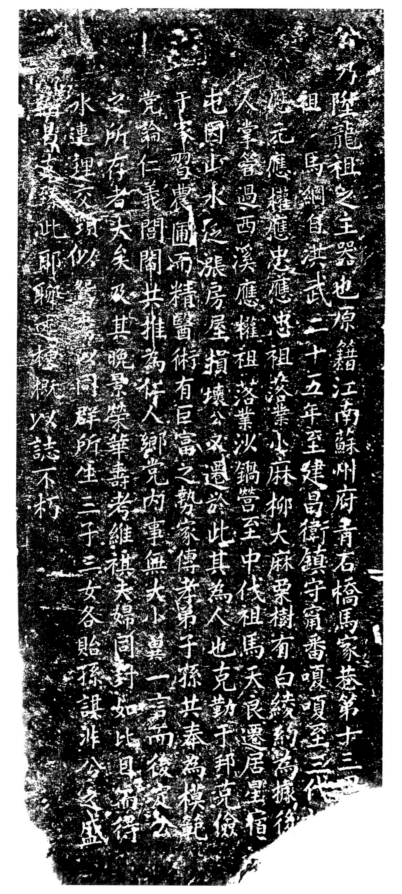

39·马公墓志

# 40. 文昌书院碑记碑

**形制：** 圆首长方形，碑额阴刻"永垂万古"四个楷书大字。

**尺寸：** 高128、宽65、厚15厘米。

**石质：** 红砂石

**年代：** 清嘉庆十四年（公元1795年）

**地点：** 碑现存越西县文管所

**碑文：**

修建」文昌书院碑记

越巂古邛笮地，相传」文昌夫子[1]显化之区，土瘠民贫，风俗纯朴。方今」圣天子崇文重道，海隅向化，濡休养，百有余年，以薰以蒸，人文蔚起，固赖」有志之士振奋自兴，而亦官斯土者之责也。前任汪明府励精图治，于」金马山麓清丈余田，得岁租百数十石，剖而分之，一以供」神庙香火之资，一以充书院膏火之费，牒府立案，文卷炳然，又自捐廉俸给」首事生息，于城内」文昌宫左右两厢修葺数椽，为诸生肄业之所，其作人苦心真不可灭。夫有」其举之莫或终之，历任皆有志未逮，余奉」檄代庖斯土，于地方公事未敢稍懈，兴利除弊，其难其慎。念前任汪公」之美意，踵而行之，以成盛举。于是传集首事等，量资轻重，勉力举行，庀材鸠工，不两月而落成之。因限于地，为小室九间，大门一座，瞻」庙貌之巍严，体菁莪之雅化，成人有德，小子有造，跂予望至之。欲扩其规模，增其旧制，以光」大前人之业，当俟后之君子云尔。」

署四川宁远越巂抚民水利管粮府加五级记录　次吕伟仪撰文」

宁远府越巂厅儒学教授周士澐　训导程履宜　督工首事（姓名略）同立」

大清嘉庆十四年岁次己巳仲冬月」下浣　吉旦

**注释：**

　　[1]　文昌夫子　即文昌帝君，又称梓潼帝君。传说为晋末时人，姓张名亚子，又作张恶子，越巂人，战死后民间立庙祀以为神，认为他负责掌管文昌府事及人间禄籍，故各地多有梓潼帝君庙，如四川最有名的梓潼县大庙山的文昌帝君庙。

**短评：**

　　据清《越巂厅全志·学校志》，文昌书院原名金马书院，清嘉庆二年改名为文昌书院。民间有文昌帝君生于越巂的传闻，因今凉山州越西县曾名越巂，故越西民间有许多有关文昌帝君的传说。实则今越西汉代为越巂郡阐县地，北周天和二年（568年）置邛部县，元置邛部州，明洪武二十五年（1392年）置越巂卫军民指挥使司，清雍正六年（1728年）建越巂厅，1913年废厅为县，以古越巂郡之"越巂"为县名，一九五九年因"巂"字生僻难认，改为"越西"。

永垂萬古

修建文昌書院碑記碑

文昌古邛笮地相傳聖天子景文重道海隅尚化涵濡休養百有餘年以薰以蒸人文蔚起圖治賴神禹命火之資全馬山麓溝大徼循田得歲租百數十石剖而分之一以供文奉病然又自捐廉傳俗有志之士振奮自興而亦官斯土者之責也前任汪明府勵精圖治賴府立案文奉病然又自捐廉傳俗真不可減夫有志

文昌言左右兩廂修之草數椽為諸生肆業之所其作人也意重重亟為舉行也機代庖斯土捐地方公事暈志稍懈興利除弊其慎念前任汪公材鳩正不兩月而容成之固限於地為小臺九間大門一座瞻

烟貌之巍巍體青我之雅化成人有德小子有造子望之至歌擴其規摸增其舊制以光太前人之筆黃伏後之君子云爾

署四川寧遠府越巂廳儒學訓導程慶直
加五級紀錄六次呂偉儁撰文
賢士陶軍生員楊天福許祥林筆

大清嘉慶十四年歲次己巳仲冬月　立

## 41. 李别耳夫妇墓碑

**形制：** 圆首长方形

**尺寸：** 高68、宽34厘米。

**年代：** 清嘉庆二十三年（公元1818年）

**地点：** 碑原在冕宁大桥水库，现已不存，拓片存凉山州博物馆。

**碑文：**

大清嘉庆戊寅年仲春月 吉旦

清勅封[1] 世袭司李 公讳别耳 封君　母曹太君 老安人　墓

孝男　别列呷 拿咱　孙　沙架 遵文 学禄 贵 富 德 保　重孙 应茂 贵 春 信 盛　玄孙　正龙 凤　同祀

**注释：**

[1]　敕封　明、清两朝对官员及其先人和妻室授予封典的制度，五品以上的官员用皇帝的"诰命"授予，称"诰封"，五品以下用"敕命"授予，称"敕封"。

**短评：**

墓主李别耳乃西番土百户。元朝泰定帝致和元年，（1328年）八月，西番土官撒加布奉方物进献，置苏州，以撒加布知州事。明洪武二十五年（1392年）废土知州，置苏州卫军民指挥使司。清初沿明制，继续实行土司制度。雍正六年，对三渡水用兵后实行"改土归流"，对原各级土司进行裁减，裁减后准予世袭的有一员土千户，九员土百户，四员土目。别儿（李）氏乃土百户的一员，驻糯白瓦，在今冕宁大桥境内。

唐代，今凉山境内的越西、冕宁、西昌一带是史称之"东蛮三部落（两林、丰琶、勿邓）"的分布区。宋代开始称东蛮部落为西蕃或蕃夷，元代称为西蕃或西番，这种称谓一直延续到解放初，1953年按国家规定改称藏族。从元代至和元年起，元、明、清三代都对其实行土司制度，有土千户、土百户、土目之分，李别耳即为西番糯白瓦土百户。

据咸丰《冕宁县志》，糯白瓦土百户的世系如后：纽牛—别儿（即李别耳）—别列呷—李遵禄—李遵文—李卜氏—李正隆，此碑刻有李别耳、别列呷、李遵禄、李遵文的名字，根据碑文李遵禄与李遵文均为李别耳孙辈，故该碑是记录了糯白瓦土百户三代四位土司世系的重要文物资料。

另外，李别耳墓碑上李别耳及其子（孝男）别列呷、拿咱都为本民族名字，而其孙辈以下已经全用汉名，从此碑所刻其儿孙辈的名字的变化可观察到当时少数民族逐步接受汉文化的情况。

41·
李别耳夫妇墓碑

## 42. 管理市场斗秤碑

**形制：** 圆首长方形，碑额阴刻"州正堂示 永垂万古"八个楷书大字。

**尺寸：** 高115、宽59厘米。

**石质：** 红砂石

**年代：** 清道光五年（公元1825年）

**地点：** 碑现存会东县姜州炎帝宫

**碑文：**

奉札　特授四川宁远府会理州正堂加三级随带军功加一级记录十次 黄 为」札饬事。照得姜舟[1] 场市斗秤前经讯明，断令将抽收」余润除钱贰拾千文设立义学外，余资仍归公用。嗣据」士民胡朝佩等禀举李基培充当场头专司其事，讵」义举之设，竟敢以无为有，每遇公事，又复违误不□，中」饱私囊，全无实济，实属蕣玩。现经本州讯明，分」别责革着追外，合饬另举，为此札，仰姜舟九省」客会知悉。札到迅即公举正直端方赴州禀举，以凭」验明，给照充当客长场头。经理该处场斗秤事务，归于」炎帝宫首事人等经理毋得混举非人，致干察究，毋违此札。」

道光五年冬月十九日

**注释：**

[1] 姜舟　原作姜州，元至元十五年置，属建昌路，治所在今凉山州会东县姜州街。

**短评：**

清代的市场设有斗秤，作为市场交易时的公共度量衡器，主要为维护市场的公平交易，杜绝短秤少两的事情发生，以维护市场的正常秩序。使用该斗秤须交纳一定费用，收取的费用一般用于公共事业，主要用于寺庙的香灯和义学的开支。此类习俗比较普遍，除会东姜州的这通碑刻有记载外，西昌大兴场和佑君镇也有此类碑刻（见本书收录的《义学书院重兴碑志碑》和《西昌地震碑林》收录的《断示碑》）。因此地方官府对市场斗秤的管理也很重视，常针对出现的弊端出示纠正。

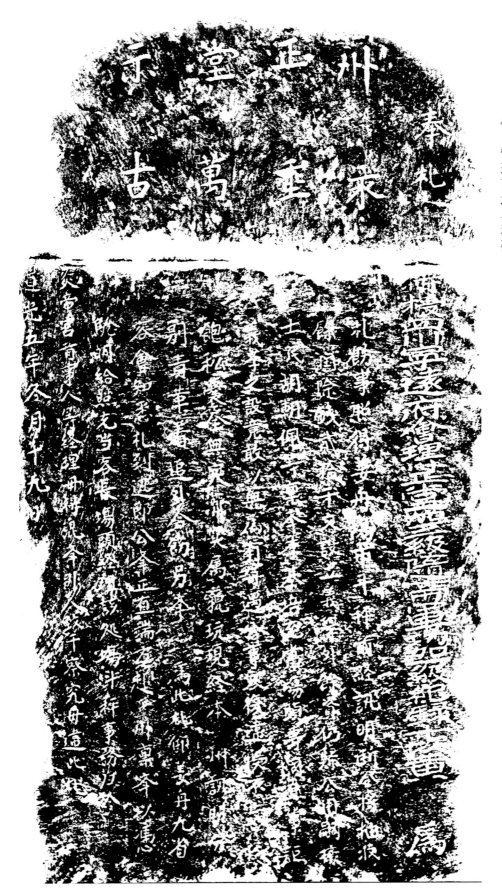

42.
管理市场斗秤碑

## 43. 管理蜡虫交易市场碑

**形制：** 圆首长方形，下有一方榫，碑额阴刻"镇府示"三个楷书大字。

**尺寸：** 高100、宽56厘米。

**石质：** 红砂石

**年代：** 清道光七年（公元1827年）

**地点：** 碑现在西昌市大石板

**碑文：**

钦命四川建昌等处提调汉土官兵总镇都督府 马」特授四川宁远府正堂总理铜政税务[1]加五级记录十二次 瞿」为再行」严禁约保设□敛钱，以除陋规，而免□□事。照得建属各州□出产」蜡虫[2]，每年二三月间，各处贩客来建□买虫子，人被□□□良不□，」每致匪徒混迹，滋生事端，向来镇府□委□妥人赴各处□□□□□」□安静地方起见，□各乡场约保人等即藉□□□□兵役饮食夫」马名色，公然设□敛钱以肥私囊，前□本镇府严行示禁，□当虫会□」□恐约保人……

再行示禁，为此示。仰府属各处□□人」……将□□陋规……敛，定行严拿重究，其」员弁兵役业由本镇府 同西昌□□给饮食银两，并不丝豪扰□□，」该员弁兵役不知自爱，或有□□之事，诣即赴□□□□□究办。本」镇府言之□□，慎毋尝试，各宜凛遵勿违，特示。

回龙大箐云雾螺髻葫叶□□ 同立

道光七年丁亥岁秋七月上浣日

**注释：**

　　[1]　总理铜政税务　清代宁远府知府兼总理铜政税务，办理昭觉乌坡等铜矿厂事务，所产铜料解运四川省宝川局铸钱。

　　[2]　蜡虫　即白蜡虫，同翅目昆虫，其二龄雄虫的分泌物即白蜡，主要放养在蜡树与女贞树上，为中国特产，我国放养蜡虫，始于九世纪前，四川是白蜡的主产区。

**短评：**

　　西昌盛产蜡虫，每年阴历二三月间，民间蜡虫交易十分繁荣，四处客商云集，蜡虫交易是当时西昌农村的一项重要副业收入，故历来为官府所重视，并对扰乱破坏蜡虫生产交易的活动进行打击，保护蜡虫经济的正常进行。参加蜡虫会的客商主要来自夹江、峨眉、洪雅、乐山等盛产蜡树的地区，客商们将购买的蜡虫带会本地，放养在蜡树上，收取蜡虫的分泌物（即白蜡）制作蜡烛等生活用品。

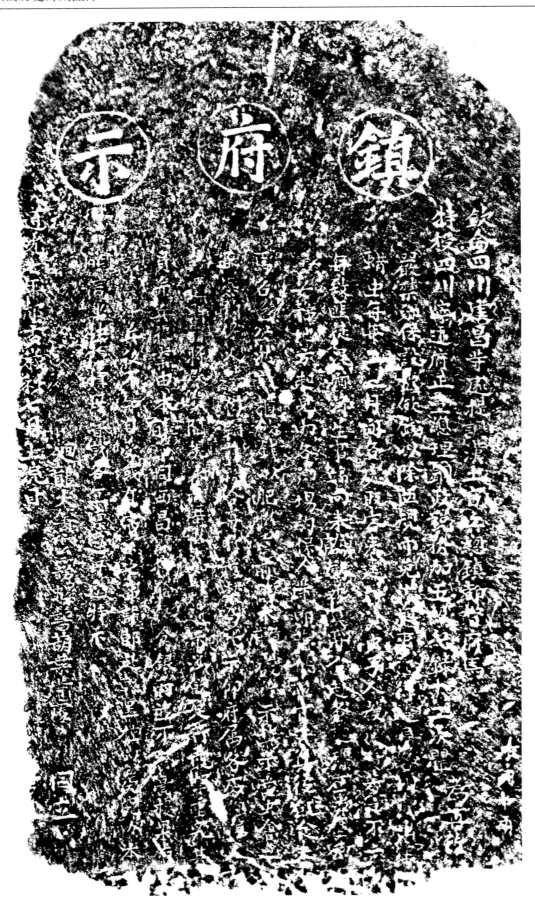

# 44. 捐修护城石堤碑

**形制：** 横长方形

**尺寸：** 长81、宽50厘米。

**石质：** 青色花岗岩

**年代：** 清道光十年（公元1830年）

**地点：** 碑原在西昌明清城墙南墙上，现已不存，拓片存凉山州博物馆。

**碑文：**

道光十年岁次庚寅，」士民捐建东门外第」二段护城石堤告成，」计长贰□柒丈，基深」捌尺，出□□尺，底宽」壹丈捌尺，□□宽壹丈」陆尺」

督办

升任建昌兵备道[1]、前宁远府知府翟凤翔

署宁远府知府、茂州直隶州[2]扬迦怪

督修

赐进士出身、西昌县知县书纶[3]

总理　原□鄱阳知县，便□同知冯履晋附贡生[4]张耀堂

监修　恩贡[5]通判郭承忠丁卯科武举[6]熊兆飞壬午恩贡饶似贤辛酉科拔贡[7]张以存从九品[8]沈松

**注释：**

[1]　兵备道　明代布政司的佐官左右参政、参议分理各道钱谷，称"分守道"；按察司的佐官副使、佥事分理各道刑名，称为"分巡道"。清乾隆时开始设置分守道和分巡道，多兼"兵备"衔，辖府、州，成为地方省与府、州之间的高级行政长官，但分守、分巡之职逐渐不分。

[2]　直隶州　清代的省以下的地方建制分为府、州、县、厅几级。相当于府的州称为直隶州，行政长官称直隶州知州，相当于县的州仅称知州（这种州称为"散州"或"属州"）。直隶州知州为正五品官，散州知州为从五品官。

[3]　书纶　民国《西昌县志》载："书纶，字紫园，号硕农，汉军正蓝旗人。清道光二年（1822年）进士，曾任冕宁知县，三任西昌知县，以廉能著称。

[4]　贡生　科举制度中府、州、县的儒学生员（即秀才）升入国子监肄业的身份，意为贡献给皇帝的人才，故称"贡生"。明清两代的贡生有很多名目，如明代的岁贡、选贡、优贡和例贡；清代的恩贡、拔贡、付贡、岁贡、优贡和例贡。后来贡生不一定要到国子监读书，只是一种身份而已。

[5]　恩贡　贡生的一种。明清定制，凡遇国家庆典，根据府、州、县学岁贡的定额，本年加贡一次作为恩贡。因为恩典所致，故称"恩贡"。

[6]　武举　即武举人。科举制度设有专为考试武艺人才的科目，称武科。从童生、秀才、举人、进士、状元与文科名称均相同，只加"武"字以区别。武科考试分内外两场，外场考武功，内场考文辞。

[7]　拔贡　贡生的一种。清制，每十二年由各省学政考选品学兼优的生员，保送入京，作为拔贡，因有选拔之意，故称"拔贡"。拔贡经过朝考合格，可以充任京官、知县或教职。

[8]　从九品　明清官员级别分为九等，每等又分正、从二等，如正一品、从一品，余皆类推。九品以下为最初级的官员，又称未入流。

短评：

　　西昌明城墙始建于明洪武二十年，选址于唐巂州土城的西北角，其北、西两墙沿用了西州土城的部分西、北墙。西昌明城墙初建时为土城，宣德二年甃以砖石，清代沿用未变。发源于大凉山昭觉县碗厂乡的东河傍城东流过，常发洪水，冲毁城墙，故官府常发动士民捐款修建护城石堤。

44．捐修护城石堤碑

## 45. 卧云山碑

**形制：**圆首长方形，碑额阴刻"信作钟灵"四个篆字。

**尺寸：**高306、宽105、厚14厘米。

**石质：**青砂石

**年代：**清道光十二年（公元1832年）

**地点：**碑现在西昌市卧云山

**碑文：**

（右侧题榜被铲去，后几字依稀可辨"萧茂兰书"四字。）

### 卧云山

清道光十二年壬辰重九日鹤亭主人[1]立

**注释：**

　　[1]　鹤亭主人　西昌人沈松，自号鹤亭主人，其先本昆山人（今江苏省昆山县），明初为官来建昌，其后人遂定居于兹。

**短评：**

　　卧云山位于西昌泸山南麓，树木葱茏，闲静幽深，为旧时邛都八景之一"卧云烟雨"。上有沈家祠，系西昌沈氏族人的宗祠，乃泸山游览最佳景点之一，清何绍基有题卧云山沈家祠联"野饮几人偕，快醉山中索郎酒；郊居随处好，又逢湖上沈家祠"。

## 46. 卧云宗祠落成赋并序碑

**形制：** 横长方形

**尺寸：** 高65、宽133、厚10厘米。

**石质：** 红砂石

**年代：** 清道光十二年（公元1832年）

**地点：** 碑原在西昌泸山沈家祠，现存西昌市文管所。

**碑文：**

卧云宗祠落成赋并序

鹤亭长翁先茔曰卧云，建祠有年矣。道光」壬辰再构正寝，适就祈乩于」聂蓉峰夫子，叠赐题赠，随命是题，示荣赋之。猥」以鄙拙，勉为濡毫，其辞曰：」伊泸峰之东峙有琼壑兮，干霄俯邛池而」澹泞。抗螺髻以岹峣望霭，青泥瑞挹芝田」之秀，培成嘉荫，华分雪渚之标。观夫空碧，」四围淼茫，一视崖列松楸，（左舟右宛）澄沼沚。游鱼」触浪以徘徊，飞鸟培风而翔起。晚霞朝露，」光涵渔浦之村；牧唱樵歌，声彻雁门之里。」此卧云之奇观，据坤轴为佳址者也。尔其」辟巉岩，因屺岵披棘蓁，度堂庑，石攻荆蓝，」栢掎新。甫视株櫑之节制，本尺寻象榑栌」之树，匠由规矩。惟夫承先启后，原不务夫」珍华。是以复庙重檐，亦仅御其风雨。然而」茅庐土铏，遗风既邈；刮楹达响，备制宜宏。」爰乃重云结栋，挂月连甍，台榭纤延之雅，」栏除钩错之精。夺锦镂金，窥词源之浩瀚；」飞烟结雾，仰笔阵之纵横。列钟鼎以参差，」宗仪备美；辩昭穆而左右，祀事兹明。原夫」斯革斯飞，非极啄回之望；孔安孔硕，特申」妥侑之衷。彼朱户赤城，非无轩蓁绿墀；青」销亦号翔丰，徒看乌衣有燕。谁问金谷遗」风，固不若范公之规模。自远于公之间闲」斯崇。荣滇海分流，邶园守素，未伸追继之」怀，徒切本源之慕。缅奇观于杰构，仰止风」规；痛遗训于先言，瞻维云路。幸荷垂青」先哲，频来乐育之施用，效刻翠芳型，聊成短」章之赋。乱曰：汝源汤汤，玉垒苍苍，觇祖德」兮。约之杶之，秩秩翼翼，致孝享兮。嶒虹紫」蔚，天造地设，备眺望兮。前裕后承，以似以续，宜子孙兮。

　　松亭李时荣拟稿

**短评：**

　　旧时之地方志都有《艺文志》，收集当地人士撰写的各类文章，以体现当地的文风和文脉。凉山州的历史碑刻中也有一部分的内容属于文学作品，故收录数通，以反映凉山历史上文学发展的情况。

46. 卧云宗祠落成赋并序碑

## 47. 立招佃合约碑

**形制**：圆首长方形，碑额阴刻"永垂不朽"四个楷书大字。

**尺寸**：高101、宽53、厚6厘米。

**石质**：红砂石

**年代**：清道光十三年（公元1833年）

**地点**：碑现存凉山州博物馆

**碑文**：

立招佃合约人灵鹰寺[1]执事尹达才、杨茂春、张维绶、」何鹏飞等，因大石板庙地壹段，上齐杨张尹三姓石」墙，下齐大路，左齐杨氏宗祠一带熟地，右齐义冢滥」坝，四至指明。因道光十三年大雨时行，鹅掌树街道[2]」为水冲坏，五省执事马儒贤、刘立伦、游洪先向灵鹰」寺首事商议，将场市设立大石板，时钟楼坡[3]绅耆不」允，客长练有坤甘愿同马儒贤等出字一纸，凡遇人」命盗案文武官员出进差事，一力有大石板[4]街坊首事」承认，丝毫不得干累地主。所有地基每间凭租钱」五百文，千古有凭，垂碑为记。

道光十三年岁在癸巳季夏六月上浣二日合堡立。

**注释**：

[1]　灵鹰寺　西昌城南邛海边海南乡的一座佛教寺庙，相传有灵鹰在该处盘旋多日而建寺，故名灵鹰寺，根据建筑风格，该寺可能始建于明末清初，后经过多次维修，现存建筑主体为清代建筑。

[2]　鹅掌树街道　鹅掌河是邛海南岸的一条入水河流，发源于螺髻山，鹅掌树街道可能在鹅掌河边，故被水冲坏后才将"场市设立大石板"。

[3]　钟楼坡　位于西昌市东南，为明代形成的村落。

[4]　大石板　西昌城东南约十三公里的一座古场镇，形成于明代，原名大福场。相传清道光年间修街挖得一巨石，故改今名。昔时往普格、宁南之人多从邛海北岸乘船至此，再沿驿道南下，清时曾设有军汛。

**短评**：

据考古调查，邛海四周的古代村落，其分布呈现出明显的规律。凡明代形成的村落皆坐落于邛海四周的山脚处，如大石板、钟楼坡、核桃村、高山堡等；而清代形成的村落则分布在濒邻邛海水面的区域，如焦家堡子等。究其原因，是邛海的水面在明清时期曾发生过较大的变化使然。明代邛海的水面远远大于现在，所以明代形成的村落都分布于四周山脚处。随着邛海的几条进水河流将大量泥沙冲进邛海，邛海四周逐渐淤积成地（这种现象在鹅掌河口与焦家河口尤为突出），因此后来的村落便逐渐建在濒邻邛海的地方了。

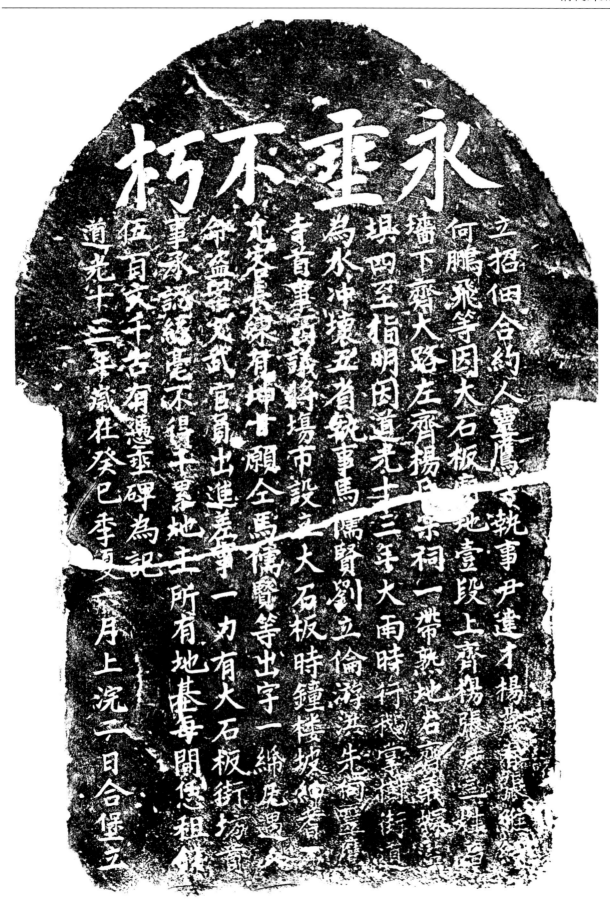

永垂不朽

立招佃合約人覃鷹

何鵬飛等因太石板街地壹段上齊楊張店一姓

牆下齊大路左齊楊民宗祠一帶熟地名何麓街道

埂四至指明因道光十三年大雨時行我軍橋街道

為水冲壞丑省輒車馬儒賢劉立倫游洪先祠鐘樓坡呻看

壹首事商議將場市設立大石板時

免客長縣有坤廿願全馬儒賢等出宇一綿尾遇人

命盜器叉武官員出進差事一力有大石板街坊賣

事承諾經毫不得十異地主所有地基每開便租

伍百交千古有憑垂碑為記

道光十三年歲在癸巳季夏　六月上浣二日合堡五

## 48. 重修开建桥碑

**形制：** 圆首长方形

**尺寸：** 高118、宽68厘米。

**年代：** 清道光十三年（公元1833年）

**地点：** 碑原在甘洛县城东北尼日河西岸，皇越公路西侧岩石上，早年因修公路被毁，拓片存凉山州博物馆。

**碑文：**

前侍卫太子太傅[1]提督四川全省」军务诚勇巴图鲁[2]世袭罔替果」勇侯杨芳[3]率汉屯劲旅三千，克」平峨边河[4]北廿六地、河南十二地熟夷[5]，曲曲鸟[6]野夷[7]，进征越嶲，重修开建桥[8]。」道光癸巳孟秋十有四日渡河。

**注释：**

[1]　太子太傅　明清两代各级官员都有"虚衔"，最高级的虚衔有：太师、少师、太傅、少傅、太保、少保、太子太师、太子少师、太子太傅、太子少傅、太子太保、太子少保等十二级，都是封给朝廷重臣的"虚衔"，没有实际权力，有的还是死后才追赠的。

[2]　诚勇巴图鲁　"巴图鲁"是满语"勇士"的意思，清朝作为赐给作战有功官员的称号，称为"勇员"。"勇员"分为两类，一类仅称"巴图鲁"；另一类于其上再加字样，加满文者称清字（即满文）勇号，如"桑巴图鲁"、"爱星阿巴图鲁"，加汉字者称汉字勇号，如"劲勇巴图鲁"、"诚勇巴图鲁"等。

[3]　杨芳，（1770—1846）贵州松桃人，少时投军充文书，杨遇春荐为将校。嘉庆年间镇压川楚白莲教及林清、李文成起义有功，官至总兵、提督。道光年间曾赴新疆参与平定张格尔叛乱；道光十三年，曾率兵进攻平定四川清溪、越嶲、峨边彝族。第一次鸦片战争时以参赞大臣随奕山赴广东，因主和为道光帝不满，旋回任湖南提督，道光二十六年卒于家，为清代著名武臣。

[4]　峨边河　大渡河的一条支流。

[5]　熟夷　清政府将与汉民相邻居住，接受汉文化影响较大的彝族称为熟夷。

[6]　曲曲鸟　凉山古民族名。据《清溪县志》："曲曲鸟，僚也。自汉中达于邛笮，所在多有，俗不辩姓氏，依树积木以居，名曰干栏……性暴乱，诸夷中最难以道义招怀"。现在该民族已经不复存在，可能融入彝族的白彝之中了。

[7]　野夷　清政府将居住在大凉山腹心地区的彝族称为野夷。

[8]　开建桥　凉山州甘洛县东北尼日河上的一座重要桥梁，现已毁。

**短评：**

　　清道光十三年（即道光癸巳年）青溪县彝族土司马林举事，其势波及今甘洛、越西两县，清政府派四川提督杨芳率兵镇压，杨平定清溪、峨边后，进剿越西，过开建桥重修该桥后题词刻碑留念。杨芳攻打曲曲鸟，路经开建桥，此为凉山北部通往成都平原的一条重要通道，名曰东路道。

# 49. 左中右营[1] 兵丁捐银碑

**形制：** 圆首长方形，碑额阴刻"永垂不朽"四个楷书大字及龙纹。

**尺寸：** 高150、宽70厘米。

**石质：** 红砂石

**年代：** 清道光十五年（公元1835年）

**地点：** 碑现下落不明，拓片存凉山州博物馆。

**碑文：**

窃查建昌设居边隅，入伍食粮之兵大半寒苦者恒多。一经衰老出营，」毫无积资以终□年，必致流离失所，目睹酸心，深堪悯恻，亦当筹及生」计，用副」国家一视同仁，□养深恩，庶不愧乎意气相关，以免贻讥之诮。但中左右」三营向有捐给帮项，似觉无几，不足以资糊口。今我兵等不忍漠视，久」存加增之意未遂。愿私之情，彼此筹商妥议，呈明上司并马步领旗」队目等，均各欢心踊跃，情愿从厚加添，则受之者稍为宽裕，而捐给者」亦不为多，共襄厥成。当经由中、左营副府陈、刘；左、中、右营部厅徐、陈、马，层次具禀」署左、中、右营游、都府□据情转禀。」总镇都督府万批准。永远尊循，用是为序。」

今将各条开历于后：

一 在营十年以外之兵每兵捐银三分。　　　　一 每季准捐五名，不得多辞贪捐。

一 在营十五年以外之兵每兵捐银四分。　　　一 未满十年及升迁事故不捐。

一 在营二十年以外之兵每兵捐银六分。　　　一 在营年轻藉故辞退不捐。

一 在营二十五年以外之兵每兵捐银八分。　　一 由台藏招募未入捐者不捐。

一 在营三十年以外之兵每兵捐银一钱。　　　一 各处书识伙粮未捐者不捐。

一 在营有干八法开除之兵不捐。

以上俱要素来安分或因年老已成残废方准捐给。」

大清道光十五年正月十六日中营领旗魏俊、周国佐及马步队目公立。」

**注释：**

[1] 左中右营　清代驻防宁远府的绿营兵。据民国《西昌县志·武备制》其建制如下：建昌镇总兵一员，管辖左中右三营。中营中军游击一员，中军守备一员，千总一员，把总四员，外委五员；左营游击一员，中军守备一员，千总一员，把总四员，外委六员；右营都司一员，千总一员，把总四员，外委五员。士卒有马兵二百二十六名，战兵四百五十一名，守兵八百一十三名，马二百二十六匹。西昌明清老城内现尚有一小巷名左营巷，即清时左营驻地。

**短评：**

清代至康乾盛世后，国力日渐衰弱。此碑反映当时连绿营军都需要靠士兵捐资来维持军队退伍人员的生计，的确使人"目睹酸心，深堪悯恻"，因此这种军队的士气和战斗力也可想而知，这种局面绝不仅仅出现在西昌，估计全国皆然。此碑镌刻于道光十五年，五年后，在此背景下爆发了第一次鸦片战争，清政府的胜败不战即可预知了。

49.
左中右营兵丁捐银碑

# 50. 香城书院[1]创建碑志

**形制**：长方形
**尺寸**：高136、宽73厘米。
**石质**：红砂石
**年代**：清乾隆四十六年立，道光十五年重刻（公元1835年）
**地点**：碑现在西昌市佑君镇佑君镇小学内（香城书院旧址）
**碑文**：

学校之兴废文运之盛衰系焉。盐邑向无义学，乾隆二十年蒙府宪安札谕生民设法办理。因」有王定国等乐捐义学生二十六名，买田十六石，纳租以为义学师生膏火。因无学官所官，」华公将盐中生童暂送府城蛙山书院[2]肄业，此谷亦暂附彼膏火[3]，而盐邑人才仍寥寥无几。合」邑士民捐募买明卢姓房地为义学馆，乾隆三十五年县主王尔昌改作香城书院。适县主曾」正浩涖任，生民呈禀，蒙恩通详府宪林准此学谷归回，沙人骏等赴府具领，蒙府宪余批查」，王定国等捐置田地本为义学而设，自应永充书院师生膏火，毋许别项侵冒。继禀县主曾」公，请定章程立碑遵守。蒙批查此项原属民间向义之物，不令书吏主持，毋许学攒干预，付」与斋长[4]陈灿、王铎等管理。在院修仓收贮，给发膏火，准其勒石。历年渐久，有学攒与县吏串」弊侵蚀。首事等禀经县主陈批，该房查案禀复，工房禀批，查义学书院向来自有成规，收管」该房何庸哓哓致辩，仍给付首事王载飏等慎办，支销以济公费，从此弊端剔除，但恐年远」弊生，不惟失前人之功德，抑且负官宪之作育。爰刊石以垂永远。又于乾隆六十年有土司」八士魁[5]以马桑湾、菖蒲塘六处地方舍入香城书院膏火之需，分助圣庙香灯之资，禀经」文武上宪委西昌县同县主徐勘明界址。后有羊角坝山地，段学礼与高之桐控争，县主董」断作香城书院膏火。学师周、黄恐久后湮没，谕首事等续铭于后，至今道光十五年五月，有分」县内丁夏将碑损坏，分县主刘捐钱买还，眼同学人将古碑原文誊刊。」

署四川宁远府正堂总理铜政税务加四级记录六次余
特授四川宁远府盐源县正堂加五级记录三次王
赐进士出身戊子浙闱同考试官[6]署四川顺庆府印务知盐源县事加三级记录十次军功议叙一等曾
乾隆四十六年季春月吉日合邑士民王铎、凌英、陈灿、王槐、王廷诵、沙人骏、王者举遵立。

**注释**：

[1] 香城书院　盐源县汉时为笮人聚居之地，西汉于此置定笮县，唐高祖武德二年（619年），以定笮置昆明县，唐德宗贞元十年（794年），南诏驱逐吐蕃独占昆明城，更其名曰香城郡。因清雍正年间在河西（今佑君镇）置盐源县盐中分县，同治六年改称香城镇，故该处书院以香城名。（佑君镇原名河西，为纪念解放初在河西牺牲的丁佑君烈士，1984年11月改名佑君镇）

[2] 蛙山书院　查西昌旧方志，西昌清代书院有泸峰书院、研经书院、亮善书院（设礼州），凤池书院（设德昌镇），但无蛙山书院。但泸峰书院"院址面对泸山邛海"，而泸山古名蛙䗂山，是否泸峰书院别名蛙山书院，待考。

[3] 膏火　即在书院就读的生童的生活津贴。每年正月下旬经过考试后，根据生童成绩分等发给。如盐源柏香书院的膏火发放制度：正课诸生四名，每名每月发膏火钱一千文；附课八名，每名每月给膏火钱五百文；文童正课八名，每名每月发膏火钱八百文；附课十六名，每名每月给膏火钱四百文。若不入院学习者，减半发给。每年以十个月计，遇闰月照原数加增。参见《盐源县志·学校志》

〔4〕　斋长　由书院聘请，负责管理书院财务的人员，一般设一至二人，须选"本学中殷实公正者当之"。

〔5〕　土司八士魁　又作八仕魁，右所土千户摩梭土司。右所土司其辖区甚大，东至打冲河（即雅砻江盐源段），南至盐边县西北，西邻中所，北至盐源卫城北界，是"九所"中除木里外，地盘最大的土司。据《四川土夷考》云：右所土司"远祖原系本处土人归附，征剿有功，升以副千户职衔，子孙世袭……今土舍八继宗以子继父，例当承袭"。其先八玺于清康熙四十九年投诚，朝廷颁给印信号纸。从八继宗至民国，其可考世系如下：八继宗——八玺——八仕昌（八玺嫡长子，乾隆十六年袭）——八靖邦（八玺次子，乾隆三十三年袭）——八仕魁（八靖邦嫡长子，乾隆三十八年袭）——八鸣瑞（八仕魁嫡长孙，嘉庆七年袭）——八鸣熙（八音和次子，道光元年袭）——八兴宗（即八忠安，八仕昌曾孙，道光十六年袭）——八寿椿（八兴宗嫡长子，咸丰六年袭）——八宝成（八兴宗次子，同治三年袭）——八仁祥（八宝成亲族，同治四年袭）——八昌爵——八全忠——八承基。

〔6〕　同考试官　清代各省"乡试"，由朝廷特派正、副主考各一人，同考试官十八人，谓之"十八房"，同考官的任务为分房阅卷。

**短评：**

清代义学之设，历来为官府和民间重视。而维持义学的正常活动，必须有稳定的经济基础。义学的开支主要来源于地租，在以农耕为主要经济支柱的中国封建社会，地租是最为稳定的经济收入。故义学有学田，庙宇有庙田，而学田的来源多为民间捐赠。

學校之興廢文運之盛衰豪係焉盈邑向無義學乾隆二十年蒙府憲婁札諭民設法辦理因

有王定國等樂捐義學生二十六名買田十六石納租以為義學師生膏火因無學舍府城

華岳將鹽中童生暫送府城娃山書院肄業此穀亦暫附彼膏火而鹽邑人材仍寥寥無幾今

邑民捐募買房地為義學館乾隆三十五年縣主王小昌設香城書院遴縣主曾

正浩滋任民呈票蒙批該房查案票覆工房案票批查義學書院向來自有桐

至定國等捐置田地本為義學而設自應承充書院師生膏火毋許別項侵

公請定章程立碑遵守蒙批該各收發貯膏火准其勒石歷年漸火有學攢與學攢干預付

與齋長陳璨王鐸等管理原屬民間向義之物不令書吏主掌毋許冒繼票與縣吏串

弊侵飭首事等崇經批縣主陳批該房查票覆仍給付首事王載陽等恒辦支銷以濟公費從此弊端永遠

獎生不惟失前人之功德抑且員官憲府有愛刊石以垂永遠又於乾隆六十年有上

八士魁以馬桑灣菖蒲塘六慶地方拾入香城書院膏火之需份助聖朝香灣之資礼與高之桐

文武上憲委西昌縣同縣主徐勘明界址後有羊坪坦山地段學礼與礼至今道光十五

斷作香城書院膏火學師黃恐久後運沒眼同學人將古碑原文謄刊

縣內丁夏將碑損壞分縣主劉捐錢買還續銘於後至今道光十五年五月有分

署四川鹽源縣正堂經理銅政稅務加四級紀錄六次余

特授四川寧遠府正堂加五級紀錄三次王

賜進士出身叶渼加圖考紀羅縣庫加三級紀錄十次軍功議敘一等曾

乾隆四十六年李春月吉日合邑士民王鐸麥英陳璨王魏王廷誦少人駿王者榮

# 51．义学书院重兴碑志

**形制：**长方形
**尺寸：**高130、宽75厘米。
**石质：**红砂石
**年代：**清道光十五年（公元1835年）
**地点：**碑现在西昌市佑君镇河西小学内（原香城书院）
**碑文：**

尝思善始者不如善终，此有基所以勿坏也。盖我盐邑[1]义学书院立有碑记，积有案」卷，历经延师启教，给发膏火，设教有年。讵意至乾隆六十年市遭回禄[2]，书院俱焚，首」事将所收租谷积变，并收马桑湾租钱陆续培修，乃山水泛涨将三教祠之田十石」冲淤，以致膏火无资，书院悬搁，而马桑湾租息因之建修圣庙得以挪用，但教化」不可久缺，况各州县无论城市乡场俱有书院义学，独盐中有名无实，合邑黯伤，同」选得庠内廉能之士李献廷、杨□□、张在珊、金品俊等举为首事，秉公办理。禀官启教延师，掌院济」济多士，人文蔚起，斯前人创始之美意，于今为烈矣。复殷勤为公、亲身将义学各处」田地勘踏界址，查明租户，百废俱兴，文教从此丕振，合邑欣幸。但恐久而失□，友集」同人勒石刊铭，永垂不朽。其田地之坐落界址开列于后。」
　　一书院界址，东至齐沟，南至齐沟，西至刘姓田界，北至刘姓田界。」
　　一中所义学田三石贰斗，东至上齐陈姓田界，下齐朱姓田界，南至上齐杨姓地界，下齐岳姓地界，西至上齐九皇宫田界，下齐小水沟，北至陈姓坟地。」
　　一三教祠义学田十石，东至万寿宫田界，直下横沟，南至沟，直上李姓田，西至李姓田直上，北至刘宅田角，直上李姓田界。」
　　一大湾义学田二石，东至洪姓田界，南至水沟，西至城隍庙田，北至洪宅田。」
　　一马桑湾山地，东至阿奶菽地山足，盐中所属官箐官地为界，南至乾沟边，直齐自相小河口……，西至基沽泥，直上官箐山脚齐打冲河为界，北至官箐山梁直下河为界。」
　　一羊角坝山地，东至齐王石梁直上，南至齐马路直上，西至齐白石岩，北至齐鹞子山上。」
　　一公秤系道光十四年分县主商断作书院膏火之资。」
　　一糕粮市斗道光十六年分县戴主充作书院膏火之资。」
大清道光十五年岁次乙未孟秋月廿六日合邑士民同立

**注释：**

[1]　盐邑　即盐源县。
[2]　回禄　即火灾。

**短评：**

　　清代书院的经费来源可分几种，其一为田租，书院皆有田地，佃人耕种收取租息；其二，市场公斗公秤收取的费用。故为保证学田的正常收入，合邑士绅民人常将有关事宜刻碑公示，以保证书院利益不受掠夺和侵犯。

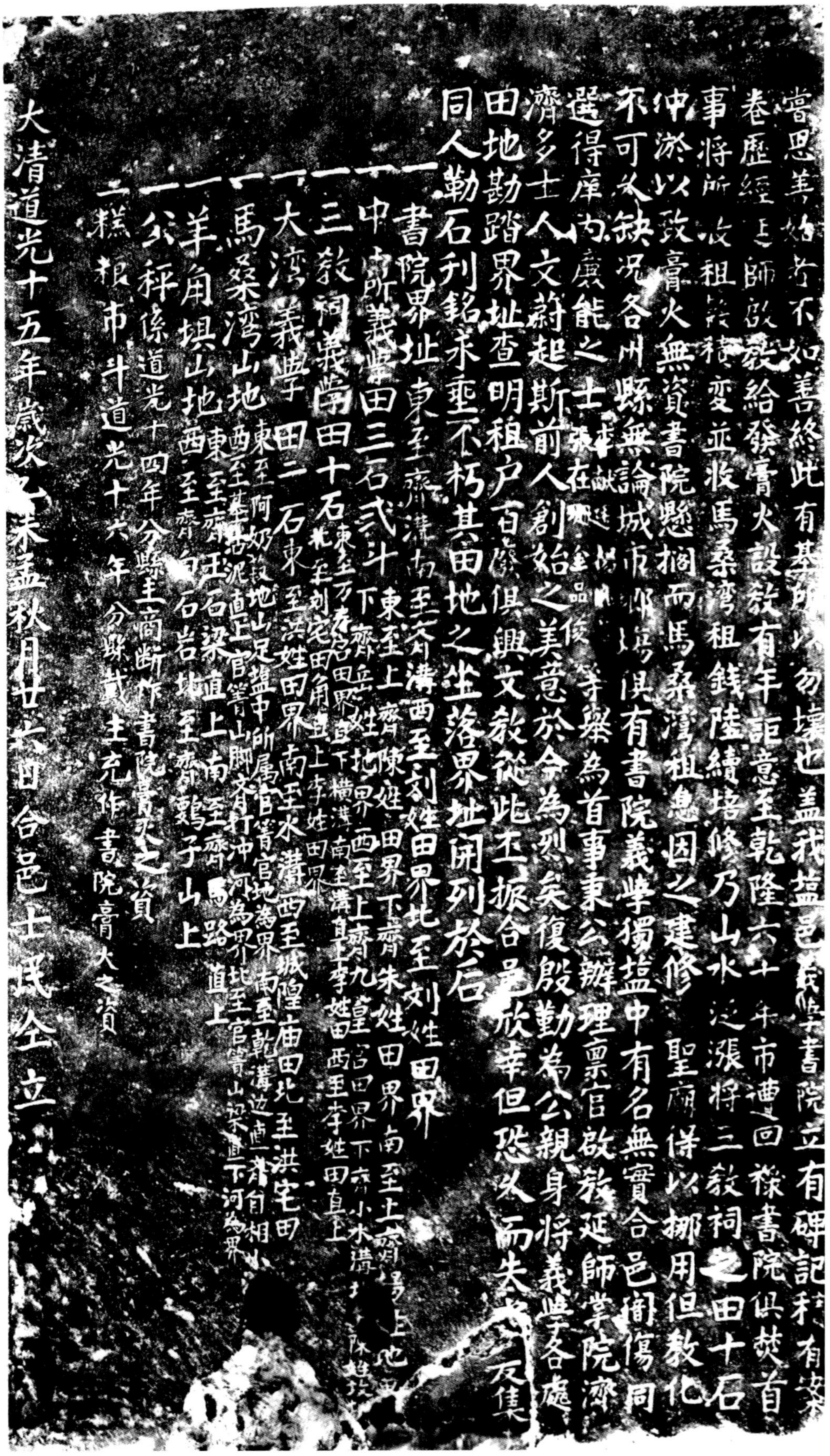

嘗思善始善終此有基而勿壞也蓋我鹽邑向�

設有書院立有碑記矣其有義

卷歷經主師啟教給發膏火設有年詎意至乾隆六十餘年市逋迴祿書院俱焚首

事將所收租穀變賣並收馬桑灣租錢陸續培修乃山水迭漲將三敎祠之田十石

冲淤以致膏火無資書院擱而馬桑灣租穀因之建修聖廟併以挪用但敎化同

不可為缺況各州縣無論城市鄉邑俱有書院義學獨鹽中有名無實將義興乎各處

選得庠人文蔚起斯前人割剏之美意於今為烈矣復殷勤卷卷公親身將義合邑開傷同

濟多士人廣能之士張敔在

田地勘踏界址查明租戶百餘俱興文敎從此玉振合眾欣幸但恐久而失敎失集

同人勒石刊銘永垂不朽其田地之坐落界址開列於后

一書院界址東至森津灣至斧溝西至刺姓田界北至劉姓田界

中所義學田下齋門東至上齋陳姓田界下齋朱姓田界南至

三敎門義學田十石東至刻田角陳姓地西至上齋朱姓田界下六小水溝界

大灣義學田二石東至洪姓田界南至齋南至李姓田直上

馬桑灣山地東至阿奶敨地止足鹽中所屬自管官地為界南至乾溝邊直下灤自河為界

羊角坍山地西至華山脚上南至齋鴉子山上

公秤徐道光十四年分縣主商斷付書院膏火之資

一糕粗市斗道光十六年分縣戴主充作書院膏火之資

大清道光十五年歲次乙未孟秋月廿六日合邑士民仝立

## 52. 陈嘉谟书诗碑

**形制：** 长方形，右部略残。

**尺寸：** 高69、宽64、厚7厘米。

**石质：** 红砂石

**年代：** 清道光十五年（公元1835年）

**地点：** 碑原在西昌泸山沈家祠，现存西昌市文管所。

**碑文：**

载得诗瓢问石矶，云封古洞路□□。
数声清磬来□处，忽有人开竹里扉。
　　　　梅谷仙子题
洞外寻幽结伴游，偶逢佳处辄勾留。
此间自是桃源路，何必渔郎一叶舟。
　　　　云和仙子题
画阁丹楼傍古茔，当前风景最幽清。
长洲高士今重在，定教此山更有情。
　　　司海门域乡人李叟题
妙景由来不厌观，重临斗室共盘桓。
横池彩凤凌霄鬵，隔岸渔村带雾看。
花语无言深带润，松风绕座静生澜。
登楼愧少惊人句，也向仙坛学凭栏。
　　　道光十五年春三月念九日
　　　　书于西昌官廨
　　　　　古滇陈嘉谟
　　　　　鹤亭沈松敬刊

**短评：**

　　泸山沈家祠为西昌著名景点，西昌籍画家马骀所绘《邛都八景》之《卧云烟雨》即此，有"沈祠以清幽胜，孤云（今泸山玉皇阁）以轩朗胜"之说。本乡及外地名士常将沈家祠作为文人雅集之地，在此作诗题咏，镌碑留迹。

载得诗瓢閒石磯雲封古洞是苍清顥载
屡忽有人開竹裏扉
棋谷仙子題
洞外尋幽結伴遊偶逢佳處輙勾留此間自是桃源
路何必漁郎一葉舟
雲和仙子題
畫閣丹樓傍古瑩當前風景最幽清長洲高士今重
在空教此山更有情
司海門域鄉人李斐題
妙景事來不厭觀重臨斗室共盤桓横池彩鳳淩霄
翥隔峰漁村帶霧看花語無言深帶潤松風繞座靜
生瀾登樓愧少驚人句也向仙壇學憑欄
道光十五年春三月念九日

书于西昌官廨

古滇陈嘉谟
鹤亭沈松敬刊

52. 陈嘉谟书诗碑

# 53. 卧云宗祠八景诗碑

**形制：** 横长方形

**尺寸：** 高34、宽72、厚8厘米。

**石质：** 红砂石

**年代：** 清道光十五年（公元1835年）

**地点：** 碑原在卧云山沈家祠，现存西昌市文管所。

**碑文：**

　　拟题

□亭沈老伯祖卧云宗祠八境

　　邛波初日

邛海苍茫幂晓烟，空波无际影沦涟。每逢旭日初临岸，万派霞光上接天。

　　海门渔火

暮色苍黄渐渺冥，海门灯影散如星。波光闪烁看无数，夜景分明似洞庭。

　　沙汀浴凤

吉光飞下宛成形，碧沼丹山共效灵。自是君家清白好，招来凤亦浴沙汀。

　　湖村烟雨

连村烟雨黯模糊，贴地垂杨有若无。试向卧云山畔望，分明绘出小西湖。

　　甘泉夜月

沁齿余甘汲嫩泉，一盘珠溅碧澄鲜。何时煮茗谈秋月，石鼎焚香手自煎。

　　翠嶂棲云

层峦叠巇涌如鳞，翠嶂秋来色更新。一朵碧云棲不去，此中疑有古仙人。

　　象岭松涛

万松天半作涛鸣，五夜龙飞去有声。象岭风摇山欲动，满腔尘虑一时清。

　　丹岩雾雪

遥遥雾雪拥千层，晓起丹崖气渐蒸。瞬息便成银世界，灵光何处不飞升。

　　未至卧云山不知境界奚似，拟题数首耶，报华峰仁弟之命。榜后神思萧索，酒间纵笔疾书，毫无吟兴，容后改作以寄，知不免贻笑方家也。

　　　　海屏江含春米是草

**短评：**

　　卧云山位于西昌城南泸山东麓，为西昌一著名景观。卧云山有八境，分别为"邛波初日"、"翠嶂棲云"、"象岭松涛"、"丹崖雾雪"、"海门渔火"、"沙汀浴凤"、"甘泉夜月"、"湖村烟雨"。该碑对每一处景观皆有题咏。

53. 卧云宗祠八景诗碑

## 54. 卧云山八景诗词碑

**形制：** 长方形
**尺寸：** 高159、宽61、厚12厘米。
**石质：** 红砂石
**年代：** 清道光十七年（公元1837年）
**地点：** 碑原在西昌市泸山沈家祠，现存西昌市文管所。
**碑文：**

行云忽挟卧云走，眼底飞光荡摩久。中有鱼龙互吐吞，卷入天门天亦吼。
雷声电影逐层开，须臾高筑通霞台。羲和逞辔不可挽，三跃乃出扶桑来。
金友翠蕤纷络绎，撑上珊瑚三百尺。四围渐放天宇青，一线微紫海波白
此时山瘴豁苍茫，空明激射海中央。云树青黄喜着色，楼台金碧更流光。
峨峨突见中峰对，高掣红霓翻石碎。金鸦咫尺杳难招，千年烧折鳌鱼背。
君听天鸡鸣，直上赤霞城。挥戈莫止踆乌行，昂头大笑天公惊。
天风吹水复吹日，随风坠作玻璃声。

　　　　右题《邛波初日》七言古二首

游云各不同，出处自有志。君但服先畴，我抱为霖意。

烟树曾经百代，风泉不异三山。一天云气笼罩，人来独画其间。

云来云去都无定，怪底云棲翠嶂浓。自是望云心倍切，天教云卧卧云峰。

　　　　右题《翠嶂棲云》五、六、七各一截

偃松如有情，幽语我能听。风枝复生涛，翠落不得定。
斜阳愁独立，拨草转危磴。深山阅古春，春深寒犹胜。
齿齿石排牙，拳拳水没胫。高阁矗玲珑，欲上讶曲径。
旁列路弯环，如鼻形相称。开辟昭何年，青松自绵亘。
金风箫罢吹，玉漱泉失孕。谷泻云千尺，簾翻雪万寸。
君非赤松流，偏觉道心胜。结庐山之阳，地与泸峰近。
一洗筝琶耳，涛声间钟磬。

　　　　右题《象岭松涛》五言古诗一首

寒压云低，堕絮飞花，争得东风早晚。任茅屋山头，镇日关掩。难消遣。阴暗不定，逗一线楼边，
斜阳短。写成画本，模糊粉墨，试看天半。
深院小窗间，正雪意浓浓，丹崖近远。好料理，诗盟预商，驴券莫遣。渔舟低唱，便惹起梨花春来
怨。待霁后，官阁寻君，定识灞桥人面。

　　　　右调《无闷令》，奉题《丹崖霁雪》

天霁开澄境，船归趁夕阳。桥支三板窄，桅露一灯凉。
烧火啣山影，炊烟接水乡。高人独不见，葭路望苍茫。
换酒脱襄衣，篝灯夜未归。薄寒风与峭，新水夜添肥。
零乱星光湿，通明夜色微。钓师何处问，芦火逗渔矶。

　　　　右题《海门渔火》五言律诗二首

霓旌羽葆两岸纷相从，蜿蜒夹道突兀如飞龙。四面海波汹汹不可渡，祇放丹山之凤来浴路。
凤兮凤兮尔胡为来乎，或以竹实桐花深处无。况复开云阖雾能通气，并入长风乱涛天无谋。
蛙争象舞逡巡不我逃，戛然振翼一奋麾天高。侧身倏复卧向沙汀去，眼前红涛黑浪成割据。
嗌嗌喈喈尚可鸣朝阳，惊破海门初日生辉光。君独摇摇不系木兰舟，欲从沙阁直跨凤来游。
凤兮凤兮尔胡为来者，毋亦千秋万载览德辉而乃下。

　　　　右题《沙汀浴凤》九言古诗一首

月照万古人，泉澄万古色。在山泉水清，在水月光洁。
月来不知迎，月去不知送。老屋枕石眠，吾与子同梦。

　　　　右题《甘泉夜月》五绝二首

钟声远寺隔微茫，灭没寒芜一径荒。雨带山岚蒸翠嶂，风传人语出红墙。
卸帆小艇冲波稳，泛宅前村靠水长。笠屐关心非我辈，西窗消受石云凉。

　　　　右题《湖村烟雨》七言律一首

卧云向无八景，」蓉峰夫子命名后，心田生始就其地其景各绘」图一幅以纪盛。丙申春，承」命题
句，文不敢辞，勉成各体，以博」鹤亭先生一粲。

　　　　赐进士出身，候诠知县问樵姜秉文并识

仙人来往地，诗话亦仙仙。 得此称三绝，各留万古传。
　　　　建昌总镇都督府寿轩张必禄总识
　　　　　　萃峰熊映律书
　　　　道光丁酉仲冬上浣卧云主人鹤亭松刊

## 短评：

　　此碑与《卧云八景诗词碑》同为咏"卧云八景"，应为同年镌刻之物。该碑之文有诗、有词，
文体多样，且用多种书体写成，对于了解凉山的文学、书法艺术史具有一定价值，故收入本集。

54·
卧云八景诗词碑

## 55. 保护蜡虫生产交易碑

**形制：**长方形

**尺寸：**高170、宽93厘米。

**石质：**　红砂石

**年代：**清道光二十八年（公元1848年）

**地点：**碑现在西昌市大石板

**碑文：**

遵府县示

特授四川宁远府西昌县即补州正堂加五级随带加一级记录十次 乔 奉」特调四川宁远府正堂总理铜政税务加五级记录十次 王 奉」府主为严禁事。照得府属民人栽植虫树，放蓄蜡虫，以待春间客商来建收买虫子，为终岁举家衣食之计。乃本府访闻，每年虫会开园时，即□」无聊痞徒以捡虫子为名，数十成群赴入虫园，乘机行窃树上蜡虫，若经本主禁阻，辄即持众抢夺，甚至强砍虫树，逞凶伤人，每至酿事端，扰累地」方，言之殊堪发指。试思民间植树蓄虫，自费工力，以图获利谋生，与种稻养蚕事同一体，岂容他人窃夺骚扰。即或果有虫枝坠地，物各有主，亦不」应别人捡拾争竞。似此妄为恶习，亟应严行究禁。除饬各州县派差随时查拿外，合行出示谕禁，为此示。仰府属军民，诸色人等，一体知悉。此」后凡遇虫会开园期内，概不许人捡拾虫子，如有痞徒仍藉捡拾虫子名色，前往他人虫园窃抢滋事者，该地主即行齐集团众协力拿获，解送该」管地方官严加惩办，毋稍宽纵。倘痞徒等敢于被拿时持杖拒捕，许地主及团邻人等照例格杀勿论。但不得乱拘擅杀，自取罪戾，各宜凛遵毋违。」县主示 为严禁私行摘伐虫树以息讼端而安民生事，照得县属地面辽阔，四乡多以栽蓄虫树为生计，每逢三月林茂虫出，外间各处挑贩纷」至沓来，买卖均有定所。近年每有贪图便宜迳赴各乡虫园定买，或挽人于中议价，交银被骗，或因园户收银虫数斤两未能发足，以致彼此兴讼」，展转轇轕[1]，甚不成事。更有恶棍匪类目击价高，生意旺相，即向园主讨虫，并因需索不遂，率领多人假以买虫、拣虫为名，值园内人少时竟上树估」摘，甚至估砍树木，一经阻拦，百般肆闹，此等不法流痞，在乡依恃强横，扰害良民，殊属可恨。不知物各有主，擅摘恶讨，大干例禁，是以上年有估砍」虫树戕毙之案，本县立即严惩，照格杀匪徒勿论。例拟结，原使抢匪知所儆懼。今值虫会将届，诚恐有外来棍徒到境，或勾引无业□民，摘砍虫」树，聚众斗殴滋事，均未可定，各亟示谕，为此示。仰约保军民人等知悉。如有前项不法，无端肇衅，欺压乡愚，立即会同营汛□名□拿，押解到」县，以凭尽法惩办，即时治以死罪。倘约保等徇隐踈纵，得钱买放，一经本县查出，或被受害控告，即按律办以容匪徒与犯同罪。至虫出时均令就」近赴市公平发卖，不准在园私相授受，藉免争竞。各宜凛遵毋违，特示。」道光二十六年二月二十四日五省客会练有坤、陈仕现、周大章、游洪先、刘祥兆等，禀恳前任」县主李，赏示严禁情，大佛场开设年近，左右挨山，上通鱼水夷地，下达建城，商民合场买卖，只望各山虫会凑集通商，如无虫会则场市不通，大路」卖买冷淡。近来有等无耻游民，私偷估砍，不顾栽蓄维艰，估拿骗吃，为害间阎甚重，民等虽充首人无力禁革，是以不避斧越，哀恳仁天赏示禁」革，保护居民，则民等」阖场沾感，顶祝不忘矣。为此禀乞赏察施行等情，据此除禀批示外，合行出示严禁，为此示。仰该处附近居民人等知悉」。自示之后，尔等贫苦小民砍卖柴薪，只许砍伐枯朽难树，毋得偷砍栽蓄虫树，以及估讨估食，倘敢强恶，许尔客会等协力擒拿，送案从严究治，决」不宽，但不准挟嫌忘拿，致干并究，各宜凛毋违，特示。」

　　大佛场、回龙沟、大菁、云雾山、螺髻寺、屯堡、火山众首事等遵示」奉照垂碑立石，万古不朽。接年虫会园中大小事务费用银钱三股，」均派园户[2]一股、挂户[3]一股、四地派一股，齐心喜不得弃责，自然获福无涯矣。」  同立

大清道光二十八年七月十八日  众首事等承理

注释：

　　[1]　　輵轕　又作輵葛，纠缠不清之意。

　　[2]　　园户　从事栽种蜡树，经营蜡树园者被称为园户。

　　[3]　　挂户　放养蜡虫具体方法为，将蜡虫种包在树叶内挂在蜡树枝上，让蜡虫慢慢从叶中爬出在蜡树枝上繁殖，故从事放养蜡虫者被称为挂户。

短评：

　　西昌旧时为蜡虫盛产之地，每年皆有蜡虫会，蜡虫贸易为当时西昌一大经济支柱，历来为地方政府所重视。为维护蜡虫交易活动的正常开展，打击扰乱蜡虫生产和交易活动的各种不轨行为，地方政府多次出示禁止影响蜡虫经济的各种犯罪行为发生。西昌民国《西昌县志·艺文志·建昌竹枝词·虫会》也记录了这种情形："年年养种上高枝，商贾怀金待摘时。全伏兵丁与衙役，能防梁子客胡为。"

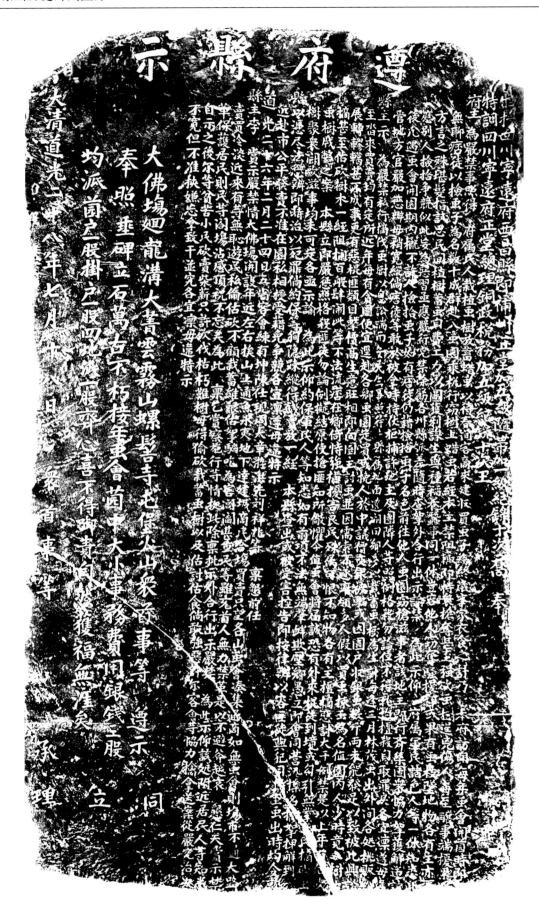

# 56. 王家祠建祠碑

**形制：** 长方形

**尺寸：** 高110、宽60厘米。

**石质：** 青石

**年代：** 清道光二十八年（公元1848年）

**地点：** 碑现在冕宁泸沽镇王家祠村

**碑文：**

粤稽祖庙定制，天子诸侯不必缕陈。士适二庶人祭寝，是宗祠者，庶人所不可」无也。吾始祖原籍山西绛州人氏，明初莅任宁番卫指挥，继后致仕[1]。彼时卫属」地广人稀，烟火寥落，注册非官即军，有力者顶，无力者退，遂落业斯土。顶承之」界；东齐山顶，西齐大河，南至沙沟营，北至大沟。界内山水土田，尽归吾祖管业，」承粮载册，昭昭可凭。四甲之差徭，吾祖任其一半。后来落业者，分吾祖差徭之」仔肩，即有承吾族义让卖明也。至乾隆年间，子孙繁衍，文明渐启，非祖功宗德」焉能至斯。爰是建修祠宇正殿于后坡，祖若宗之灵爽，庶几得所凭依。迄嘉庆」丙寅年有相朝履端领合族改修正殿，立东西廊过厅，虽未完美，然而禴祠蒸」尝，聊伸追远于万一。迄庚子孟夏，遭回禄之灾，焚毁东廊西厅。纠合族集议，将」祭田四斗与仕昭掉此地基，外照子孙摊派，各捐钱文。经营数年，纵非刻桷丹」楹，绚施黝垩，已瞻在上而质在旁矣。后有出类拔萃之子孙，再大其观瞻，旷其」盈视，予等不胜厚望焉。

（以下为族祠 王璋 会首 王彪 王冕国 王应奎等姓名，略。）

龙飞大清道光二十八年岁次戊申秋九月朔二日榖旦合族同立。

**注释：**

[1] 致仕　古时称官员退休，即将官位退还给皇帝之意。

**短评：**

　　此碑追述了明初汉族移民开发冕宁的过程。其时"（宁番）卫属地广人稀，烟火寥落"，当时明王朝采取的主要是军屯制度，故"注册非官即军"，主要采取的是军屯制度。

窃稽祖庙定制天子诸侯不必裦陈士为二庶人祭寝是宗祠者庶人所不可

无祖岳始祖原籍山西人氏明初游任军蕃衔指挥继后致仕役时稽属

地广众稽烟火家落注册洲官郎军有力者顶无力者退逐落业斯土顶

焉东齐山顶西齐大河南至沙溝营北至太溝界内山水土田尽归吾祖晋祭

承粮戴卅昭昭可凫四甲之姜徂吾祖任其一半后来落薬者分吾祖姜窟壽

任宿郎有承吾族义讓喜明也至乾隆年间子孫繁衍歇非祖功香滬嘉慶

焉能至斯发是建修祠宇正殿於后玻祖若宗之灵爽歲歲得所凫远嘉慶

丙寅年有相朝頽端镌合族改修正殿立东西廊过廳雖末完美然而禴祠茲

尝耶伸追遠於万一迄庚子孟夏遇回禄之灾烣东廊西廳絆谷議將

祭田四斗舆仕昭棍此地基外照于傾摧派各捐毀文緫非族集議將

楹绚施剙聖把瞻在且而贤在旁奕后有出翰枝萃之子祿再大其覩瞻曠

盟视子等不勝厚望焉

諭赐大清道光二十八年歲次戊申秋九月朔二日穀旦合族同立学

族王鑿会首任

祠王绅　晃國　奎

　　　　　王應選王應相

秀國　受

士相

## 57. 堰沟源碑

**形制：** 长方形，左上角残。

**尺寸：** 高168、宽86厘米。

**石质：** 红砂石

**年代：** 清道光三十年（公元1850年）

**地点：** 碑原在西昌市海南乡钟楼坡，现已不存，拓片存凉山州博物馆。

**碑文：**

*堰沟源　道光三十年庚戌岁夏五月上浣吉立*

水源之设，前人创于始，后人继其终。如我屯堰沟之由起自明朝，」时有镇守海岛原任都司[1]张九万、张绍文」及定番汛[2]属田多水少，缘具文详报转请咨部，奉旨开挖山带沟一条，由偏岩箐接引水源，自摆摆顶、打卦坪」箐、活佛寺、马拉巷、滥坝子、棲木塘、云雾山、望香台、尹家坟、劈山开腰带沟，费尽土工数千余名，工价数十余金，」是钟楼坡先代田户捐力捐资，逢山遇石，备历艰险多，历年所始能开通，至大龙口引水灌溉定番汛、钟楼坡」粮田，阅明至清已数十余代。于康熙年间合屯立沟头[3]生杨蓄芝管理。雍正年间又立沟头生周」仁管理，具禀在案，有案可据。后有缸碉殷小款等妄争水道，控经建昌卫主孙蒙恩勘踏，令断上流下接，」得混行历年无议。继又有古城生杨宏毅与钟楼坡生张宗鲁彼此为水欲讼，时遇建昌卫主孙驰驿钟楼」山勘验，张、杨二生迎接面禀其由，蒙孙主勘断，吩咐水从上流下接，历年必有古制，勿庸混争之语。至乾隆」年间，山崩沟窄，请工开挖，逾年始通，去工价银四百多金。五十三年大雨时行，沟又冲坏，请工开挖修补，逾年」挖通，又去工价银二百多金，毫无古城缸碉插隙。于嘉庆元年又有缸碉生殷坤元等霸占阻水，诬控我屯」张寿世、张国勋在案，蒙县主邓深察其由，斥办殷坤元等，有案可据。至嘉庆十二年，有土目撒拉保又与我」混争地界，具控首事何达才、张启文、杨吉忠、杨飞鹏等在案。蒙恩李县主讯明，伊自知情亏，愿出交汉口约」堰沟上下自转马路齐燕儿窝，兼自沟头至麻地沟地，一概交与钟楼坡管理，有约可据。其地现报条银历年」纳至，比时与夷兴事所费盐布银钱约百余金，亦未累及古城。又是年大雨连行，沟又冲坏，难以修补，经众向口」尹姓，尹姓情愿将堰沟两边荒地一概舍入堰沟，交与钟楼坡合屯管理，现有舍约可凭。及道光年间有首事口」英才、杨文耀经理堰沟，卖明杨姓山地一股，有约可据。继后山崩沟颓，租息无出，金银空乏，口难请工开挖，口口」首事何翼世、杨茂膏、杨应东、杨茂祥、张维口等与合堡商议，心生奇谋，始创新规，清查粮田，安排沟口小甲，照口」……口口出二三名，议定章程，动工之日，口堰沟存积租息办理。干费自始至终亦未派累古城，口口口年来上流」……石垂铭，恐人心不古，妄争水道，不惟前人之功业无所昭，不几口」……以志不朽云。境里儒学生员马尚儒、何育世。

**注释：**

　[1]　都司　明代都指挥使司的简称

　[2]　汛　明清时期称军队的驻防地段，如定番汛，交脚汛等。

　[3]　沟头　负责主管堰沟的人员。

**短评：**

　　邛海湖滨自古适于农耕，水利建设是农业生产的重要保证，此堰沟位于西昌市西南海南乡境内，始建于明代，虽经多次崩塌，多次维修，一直沿用至上世纪五十年代，现尚有遗迹可寻，是当时西昌的一项重要水利工程。

57.
堰沟源碑

## 58. 鲁姓彝族山界碑

**形制:** 长方形,碑额镌刻海波纹及"亘古不朽"四个楷书大字。
**尺寸:** 高112、宽64厘米。
**石质:** 红砂石
**年代:** 清道光三十年(公元1850年)
**地点:** 碑现在冕宁县河边村
**碑文:**

特授四川宁远府冕宁县正堂加三级纪录五次沈 为」恳赏示禁以免复行越占事。窃照倮夷鲁先、鲁受长等之祖山一所,因有汉民贪业」霸占,戕伐树木争角,该夷等呈控在案。蒙县主业已断明,其夷之菩萨山、灵牌山、」祖坟山,原系夷等祖遗山场,每年上纳地丁条银[1]一钱二分一厘五毫,乃旧断归于」夷五房合族经管,汉民人等不得恃众沾碍,当堂具结在案,嗣后不得以强越占。该夷」等当堂回称恳赏示禁,祈将此山四至界址住明给示:东至齐山梁界,西至齐潘鲁」二姓梁界,南至齐山顶,北至齐自己住基,四至□明,自应准如所恳,合行给牌。为此」饬仰鲁姓五房人等,鲁先、鲁受长、鲁鸡租、鲁租、鲁维茶花并看山之杨吸呷等,遵照」牌谕事理,照尔等界址经管,各自安分,不等越界。倘汉民等仍前霸占越界,妄伐树」木,该夷等复控以凭,照例究办。夷等恐年远日久,合族不惜倾囊,爰勒石以志不朽。」从来水有源而木有根,况予等之菩萨山岂无由乎?夫菩萨山原自始祖息惕同祖」鲁必成洪武二年勤劳王事,安扎于此山之下。至万历三十六年,子孙源流一十四」代,汉夷人等并未有越界争占之弊,殊乾隆二十年,有土司贪心顿起,与予祖相争」此山。予祖凭众叙说昔年情由,土司自知有亏,甘愿退吐,凭众立判约与祖,子孙永」远执照,至今数十余年,世守勿替。伊等何得恃强争占,即争占呈控,又蒙恩断□」璧归。旧枝叶不许戕伐,发荣滋长以培风水。远近汉民若有私行偷砍,予等见实□」官,勿怪言之未预。协同护惜,不畏辛苦。迄今之后,行见欣欣向荣之象,山青水秀之貌。」爰挥毫而为之序。

> 凭中百户:三官鲁举元、西密窝鲁维秀、鲁维有、沙沟营鲁维兴;重孙鲁呋铁、鲁吉宁保、
> 鲁文志。同堡:文志、杨铁保、杨铁咱。

大清道光三十年岁次庚戌瓜月下浣五房合族立

**注释:**

    [1] 地丁条银 中国封建社会从秦代始都是根据人口进行收税,明代张居正改革,"摊丁入亩",根据耕种土地面积收税,称"地丁银",清代因之。

**短评:**

    自清中期开始,大凉山彝族逐渐向今凉山州西部迁徙,故冕宁彝族多与汉族杂居,地界犬牙交错,常遭仗势土司、不良汉民巧取豪夺。因该处彝民已属官府管辖之民,每年照例交纳地丁银,已成为向政府提供税收的对象,故官府出示对其权益进行保护。此碑是研究清代彝汉民族关系和彝族与当时官府关系的重要文物资料。

萬古不朽

58.
鲁姓彝族山界碑

# 59. 八忠安墓志

**形制**：长方形
**尺寸**：高105、宽55、厚6厘米。
**石质**：青石
**年代**：清咸丰四年（公元1854年）
**地点**：碑现在盐源县右所乡政府
**碑文**：

世袭千户侯八公忠安墓志

于戏，古称勤劳王事，视死如归者，虽介胄之士犹难，况在重译之属乎。」公讳兴宗，其先世抚有此土，自元明即投诚授职，累叶食封。以家乘失」传，莫由知其详细。国朝定鼎后，复投诚袭封千户侯，世守右所，祖玺」公勇略性，生于康熙年间，奉文征擒小西番逆酋。至雍正初年，有喇汝」窝谋叛，奉旨征剿，公独力赞襄，首擒逆贼。历二世至仕昌公，生子」奇延，初在褴褛，仕昌公殁，其叔靖邦谋而夺之。靖邦之后窃据数传至」鸣熙，以昏庸无道，擅杀无辜革职。有司乃寻访奇延之后于民间。忠安」公，奇延之后也，是时年未及冠，而体貌魁梧，人皆知其有大器。于道光」十六年承袭是职，此非抱施之不爽哉。同室之内，直行鹬逐之谋则易」，世之间竟有覆巢之祸而物归故主。公事母孝，待人宽，而持身涉事精」敏异常。于咸丰四年土匪作乱，奉……有瓜别安抚司[1]古柏树土」千户[2]同剿匪。公以自幼英武……至而救兵不继，乃战没。呜呼，」见公之出而不见其入也，言之者……闻之者泣下，而公以世受」

**注释：**

[1] 瓜别安抚司　瓜别安抚司辖地在今盐源县北部，瓜别土司系"麼些夷人"，明初玉珠珀参加征讨月鲁帖木儿"事平，以功授安抚司，嫡子己角补继之，是为纪氏。"此后瓜别土司世系缺载，从清乾隆二十五年至民国后期，其世系如下：

纪联贵——纪绍先——纪光宗——纪国富——纪天锡——纪廷梁——纪镇藩——纪镇江——内都匹。

[2] 古柏树土千户　古柏树有名古百夫（户），有古柏树巡城兵马司，辖地在今盐源县双河乡古柏树和平川乡一带。《明太祖实录》载，明洪武二十五年，古百户土官名毛海，曾参加平息月鲁帖木儿叛乱，"月鲁帖木儿叛，蓝玉率兵至柏兴府，遣百户毛海诱缚月鲁及其子胖伯，遂降其众。"其后世系不详。明末清初，当地麼挲豪族郎氏篡夺毛氏之位。清乾隆四十九年郎俊位投诚清廷，颁给印信号纸，至民国至解放初，其世系如下：

郎俊位——郎三宝——郎世忠——郎廷玺——郎廷柱——郎廷芳——郎应升——郎朝鼎——郎瑞麟——郎治邦。

**短评：**

　　右所是明清盐源"九所"之一。所谓"九所"，指明初至清初在今盐源、木里一带设置的打冲河守御中左千户所，盐井卫中右、中前、中后、中中四千户所等五个千户所和马喇长官司、瓜别安抚司、古柏树巡城兵马司、木里安抚司四司。九所土司中，除木里土司为藏族，马喇土司为傣族（古称摆夷）外，其他七个土司均为麼挲（摩梭）土司。

　　右所土司其辖区甚大，东至打冲河（即雅砻江盐源段），南至盐边县西北，西邻中所，北至盐源卫城北界，是"九所"中除木里外，地盘最大的土司。

　　据《四川土夷考》云：右所土司"远祖原系本处土人归附，征剿有功，升以副千户职衔，子孙世袭……今土舍八继宗以子继父，例当承袭。"从八继宗至民国，其世系如下：

　　八继宗——八玺——八仕昌——八靖邦——八仕魁——八鸣瑞——八鸣熙——八兴宗（即八忠安）——八寿椿——八宝成——八仁祥——八昌爵——八全忠——八承基。

59·
八忠安墓志

世襲千戶侯八公忠安墓誌

於戲古稱勤勞王事視死如歸者難介胄之屬乎

公諱興榮其先世撫有此土有毛明郎把試授職累業食封以來乘丗

傳莫由知其詳綜　　國制定鼎之後挨試襲封千戶侯丗守古所祖霍安

公勇畧性生於康熙年間秦夋任翰旋　　西畨首至雍正初年育喇啶安

寓謀叛叛奉　官征剿力勦騎首橋道賦歴二丗至仕温公共丗　　王

奇延初在謝縣任昌公没其叔靖邦謀　而暴奪之靖邦之後喬扶敦俊王

鳴熙以昏庸無道擅殺無辜革職寃魂枉死訪奇延皆知其有大器於道光

公奇延之後此是時年未及冠　　　人於民間惠發

十六年承襲是職世非報施之不爽發同窒之内直行鴒遂逐之謀則易

世之間竟有覆巢之禍母孝待人寬而持身淡世精

敏異常於咸豐口年土匪作亂表　別要撫司古栢槑土

干戶同勦匪公以自幼　　英闖　戰没鴈呼

見公之出而不見其　延誉　心間之者法下而公之丗愛

# 60. 禁山碑

**形制**：圆首长方形，碑额阴刻"禁山碑"三个楷书大字。

**尺寸**：高60、宽37厘米。

**石质**：红砂石

**年代**：清咸丰五年（公元1855年）

**地点**：碑现在德昌县先峰村曾家坟山

**碑文**：

盖闻万物本乎天，人本乎祖，木本水源，人」所同也。报本追远，理所当然。墓木虽拱，形」骸犹存，对此枯骨祖宗之灵，实式凭」之，奈何以祖宗重地作牧牛之场，思保」世以滋大，岂本实之先拨　合族同心共」议，齐立禁碑以酬祖宗之德，庶几克昌」，奕叶绵长。所有条规开列于后：」一　不准纵畜践踏坟地。一　不准擅行砍伐树木。」一　不准铲挖坟园草木。以上条规，有犯勿怪。

咸□旃蒙单阏[1]夹钟吉旦同立

**注释**：

[1]　旃蒙单阏　我国的干支纪年还有另一种方式，具体如下，天干：甲（阏逢）、乙（旃蒙）、丙（柔兆）、丁（疆圉）、戊（著雍）、己（屠维）、庚（上章）、辛（重光）、壬（玄黓）、癸（昭阳）；地支：子（困敦）、丑（赤奋若）、寅（摄提格）、卯（单阏）、辰（执徐）、巳（大荒落）、午（敦牂）、未（协洽）、申（涒滩）、酉（作噩）、戌（掩茂）、亥（大渊献）。旃蒙单阏即乙卯年，咸丰乙卯年即咸丰五年（公元1855年）。《续资治通鉴》用的就是这种干支记年法。

**短评**：

中国人自古重孝道，视宗族祖先墓地为神圣之所。合族立碑保护宗族墓地的行为较为常见，但保存至今的碑刻已经不多，对于研究中国民间的宗法制度及其在社会生活中发生的作用具有一定价值。

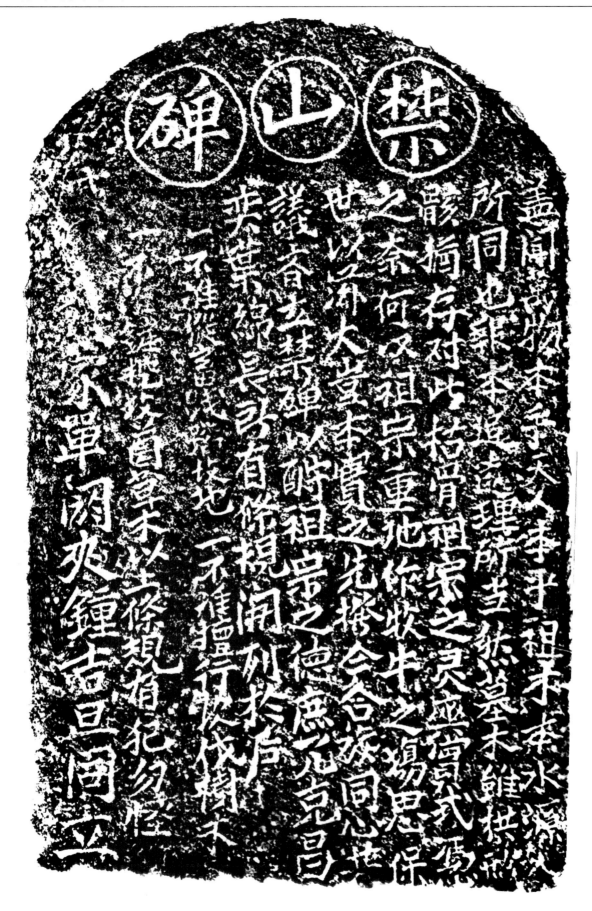

60·
禁山碑

## 61．庙田碑记碑

**形制：**长方形，碑额阴刻楷书"庙田碑记"四个大字。

**尺寸：**高140、宽72厘米。

**石质：**红砂石

**年代：**清咸丰九年（公元1859年）

**地点：**碑原在西昌县川兴公社新桥二队（文华寺旧址），现存西昌地震碑林。

**碑文：**

□闻莫为之前，虽美弗彰；莫为之后，虽盛弗继。文华寺创自明季，先年首事等买置田产，载明古」碑。道光三十年八月初七夜遭地震，庙宇倾颓，阖境士庶复勒石以志不朽。」— 乾隆四十八年七月二十日买明冯纲卖出冯仲金军田[1] 六斗[2]，坐落枧槽沟，大小七坵，东至沟，南至」冯宅田，西至路，路下首挨河，又一坵北齐河，买价铜钱壹百壹十五千文原粮六斗。— 乾隆五十一年六月十五日买」明邵杞卖出邵三什军田四斗，大小二坵，坐落廖宅门首，带原粮四斗，买价铜钱乙百乙十千文」— 乾隆五十六年七月二十一日买明冯朝用卖出冯仲金军田二斗，坐落枧槽沟大小二坵，带原粮二斗 」，买价铜钱九十壹千文。 — 嘉庆六年十月初一日买熊文林卖出朱真胜奴军田叁斗共乙坵，坐落」肖家碾大路边，带原粮叁斗，买价铜钱五十六千文。 — 嘉庆十三年冬月初七日买明宋运开卖出」王丑葵军田四斗共乙坵，坐落围杆沟，买价铜钱六十五千文。 — 嘉庆十三年七月初二日买明宋启能卖」出廖葵军田二斗，下生秋粮田乙斗，大小二坵，坐落小河边，买价铜钱四十五千文。 — 嘉庆十六年八月」二十一日买明熊芳荣卖出王保军田五斗，大小三坵，坐落孙家草坝东首大路边，带原粮五斗乙勺，买价」铜钱一百零五千文。 — 嘉庆二十年买明林载英卖出王保军田五斗，大小二坵，坐落焦家大路边，带原」粮五斗，买价铜钱七十六千文。 — 道光四年九月初六日买明傅以恭、傅以宽买出邵三什军田壹斗共」乙坵，坐落背后沟大路上首，带原粮乙斗，买价铜钱三十千文。 — 道光四年买明傅以恭、傅以宽卖出」魏三七粮田叁斗，带原粮乙斗五升，坐落庙门口，买价铜钱七十五千文。— 庙右侧田乙坵约种二斗□□」— 庙田二坵约种三斗，坐落廖雄二宅坟前。— 庙田乙坵坐落庙门东首。— 道光六年十月初四日买明」冯王发等卖出庙左侧园地三块，买价铜钱三十三千文。 — 道光七年三月十八日买明林中元等卖出庙」后空地壹坵，买价铜钱十千文。 因地震之后于咸丰七年九月二十八日大众亲点纸约，失落冯纲卖约乙张。」（以下为首事姓名，略。）

咸丰玖年正月十五日 公立

**注释：**

[1] 军田　军屯之田。

[2] 石、斗、升　石、斗、升本为容积单位，旧时也作田地的面积单位，一石为六市亩三分。

**短评：**

此碑记载了清代乾隆四十八年、五十一年、五十六年：嘉庆六年、十三年、二十年和道光四年、六年、七年西昌军田和民田的买卖价格，对于研究当时西昌田地价格有一定的参考价值。

中国的军屯制度始于汉代，明代是军屯制度发展得最为完善的时期。明中后期，军屯制度逐渐衰落，清代只剩下漕运兵丁和边区防军还保留了部分军田。随着军屯制度的衰落，原来属于国家所有，不准买卖的军田逐渐民田化。

61.
庙田碑记碑

## 62. 邹元彪夫妇墓碑

**形制**：长方形

**尺寸**：高155、宽85厘米。

**年代**：清咸丰九年（公元1859年）

**地点**：碑现已不存，拓片存凉山州博物馆。

**碑文**：

公讳元彪，庠生讳达公次子也。因封公讳儒艰嗣，爰抚公以……□友□」于至性。尝习诗书，一就县试[1]，谓毛锥子不足用，遂入建标左营……以军功□□□□额外」。嗣总督鄂部堂[2]巡阅至建，赏赐有加，授公定番汛外委[3]，后得恒宪考选咨请补保……总继」而瞻对野番滋蔓，公从阁督琦部堂进剿，夺噜梁子古喜一带番寨，俱与有力焉。时……营」专城千总，委摄守府篆[4]。勤慎严明，越人至今称之不衰。咸丰三年奉调湖北御敌，公……光之」方期回澜作砥，正未有艾，乃追贼汉川县界，慷慨赴敌，竟以捐躯报国。呜呼，公诚烈丈……谓」求忠臣必于孝子之门，吾于公信之矣。」皇上悯公之节，旌公之忠，以云骑尉[5]荫其子孙，报公者不可谓不厚，而惜公之壮志仅以此……生于」嘉庆庚申年十月十五日午时，□义于咸丰四年八月十一日申时，发配宜人张子……英」敏特出。食公之报，扬公之休，非特一家之庆，抑亦我邦之光尔。」

敕封　武节将军　　考　　公讳元彪大人　之墓
　　　五品宜人　显　妣　邹　母　氏张太君

铭曰：惟孝则忠，惟忠则烈，誉重于乡，报隆于国。呜呼我公，人中之杰，裕后光前，请□诸石。

盐邑应贡进士愚晚刘文焕顿首拜□」

盐邑文生愚再晚罗继术沐□□」

　　　癸山丁向兼子午分金

　　　　男邹以荣　邹秉忠　孙文郁　彬　盛　蔚　曾孙维……祭祀

　　　……九年岁次己未仲冬月朔六日

**注释**：

[1]　县试　明清时期士子要取得出身，须先在本县参加县官主持的考试"县试"，录取后即可参加由管辖该县的府所主持的"府试"，再录取后方可参加由该省学政主持的"院试"，经过院试录取后，即取得了入学资格，确定"生员"（即秀才）身份。

[2]　部堂　清代称各中央部、寺衙门的长官为"部堂"，因各省总督多兼兵部尚书衔，故亦称"部堂"。

[3]　外委　清代的额外低级武官，有"外委千总"、"外委把总"等，职为与千总、把总同，但薪俸较低。

[4]　府篆　即知府官印，因官印之字为篆字，故有是称。

[5]　云骑尉　清代功臣、外戚的封爵，正五品。

**短评**：

武节将军　明代武官散阶正五品，清无武节将军。　凉山地处边鄙，或为墓主后人对当时职官制度不甚了解，致碑刻有误，待考。

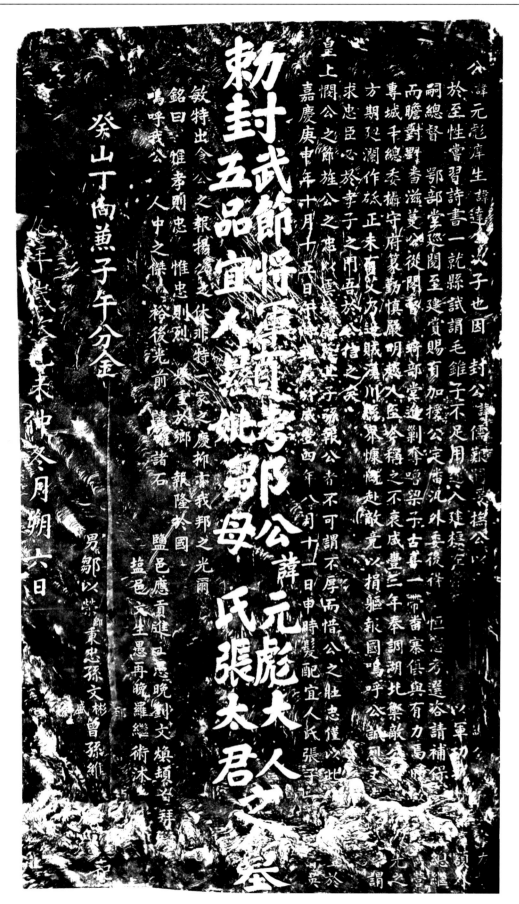

62·
邹元彪夫妇墓碑

## 63. 林承恩墓碑

**形制：** 圆首长方形，碑额阴刻二龙戏珠图案。

**尺寸：** 高150、宽76、厚9厘米。

**石质：** 红砂石

**年代：** 清咸丰十年（公元1860年）

**地点：** 现存凉山州博物馆

**碑文：**

为之赞曰：宣讲先生，普爱众人。赞扬正道，消劫解厄。一卷仙经，大众齐听。人生在世，原难为人。要得为人，夭折穷通。不惜光阴，须培善根。前世今生，枉自为人。

林氏门中奉命祀先守土英年跨鹤先生林承恩之墓

龙飞咸丰拾年四月初六日立

**短评：**

　　此碑除墓主姓名及赞词外，整篇墓志铭大部分用金文大篆及禹书书写，很有特点，故收入本集。

## 64．禁山碑

**形制：**圆首长方形，碑额阴刻"禁山碑"三个大字。

**尺寸：**高86、宽48、厚11厘米。

**石质：**红砂石

**年代：**清同治元年（公元1862年）

**地点：**碑现在德昌县昌州村

**碑文：**

□恩物本乎天，人本乎祖，所以豺獭不忘本也。而」人品列三才，岂不如物之知报本乎。是则木本水源」，亦我嗣后之所深念也。如我祖自洪武随仁大将军」创业于斯，辛苦莫极，然所重念者，莫若茔山一所。非」特为祖宗之吉穴，寔为子孙万亿之归身，言念及此茔」山所当禁惜，阴盛而阳自盛矣。自兹已往，诚心禁惜者，子」孙发达，科名世第；如有昧心灭祖砍伐茔山者，生则缺少」衣食，远则子孙灭绝。善者余庆，恶者余殃。」茔山禁铲火土，大小树木不准剔枝砍伐。如有」偷砍，拿获凭族处罚，刁毫者禀官究治。」

大清同治元年二月十二日众族立

**短评：**

　　中国民间在保护社会秩序、生产活动、道路设施、山林河流等方面，常形成乡规民约，立此碑者为了保护山林，除"禀官究治"的办法外，还有"凭族处罚"的措施，反映宗法制度在维系社会良俗方面也能发挥一定的作用。

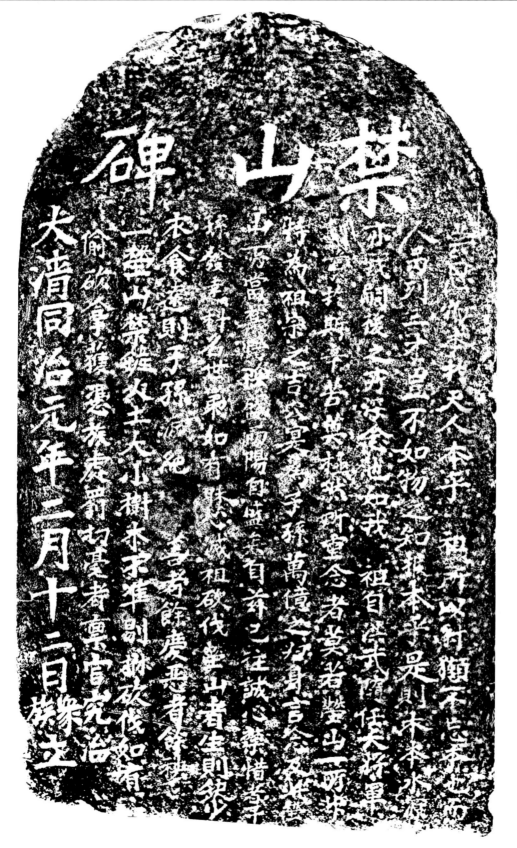

64·
禁山碑

## 65．孙文才墓碑

**形制：** 圆首长方形，下部残。

**尺寸：** 残高106、宽63厘米。

**石质：** 红砂石

**年代：** 清同治元年（公元1862年）

**地点：** 碑现已不存，拓片存凉山州博物馆。

**碑文：**

叔系仕明祖之长子也，赋质浑厚，秉性温良，勤于经史，博乎典坟，……」士且通青鸟之书，迨易业为农，不惜胼手胝足，风尘策马，曾经戴雪……」苦心志，劳筋骨，身空乏者指不胜屈。目下苦尽甘来，家资渐厚，立见……」伫□□足衣丰，所谓东隅已逝，桑榆非晚也。何叔以酒疾六旬方满□□所□□，虽然二子一女已了子平之愿，孙枝杰出，亦尝含饴点额焉……」亦可瞑目矣，是为志。族侄西昌县学文生孙拔选沐……」

坐甲山庚向

**清敦厚显考孙公讳文才佳……」**

诗曰：无端一醉望西游，忽把黄泉当酒楼。

生顺死安无限乐，妻贤子孝复何忧。

诗书世泽千年去，礼乐家风万载流。

积善庆余尤足羡，儿孙定有大功收。

眷晚盐邑文生萧太和沐手题赠

词曰：正直公平品概，温良恭俭家风。

年方耳顺上天宫，子孝孙贤可颂。

（以下子孙姓名从略）

同治元年岁次壬戌季春月清明后二日

**短评：**

孙文才乃醉酒而死，碑文题诗予以调侃，颇有趣，故选入本集，为嗜酒者戒。

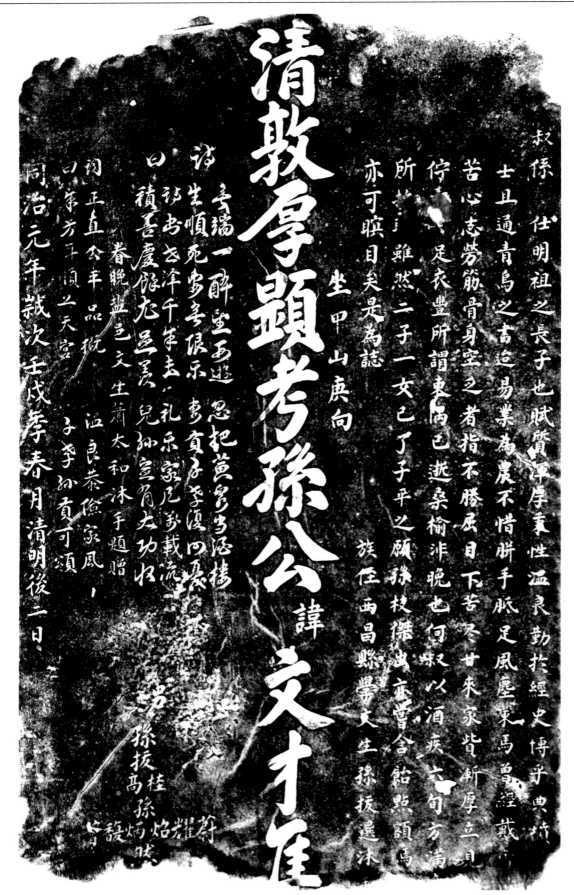

叔係仕明祖之長子也賦質渾厚重性溫良勤扵經史博于典墳培

士且通青鳥之書迫易業為農不惜胼手胝足風塵束馬曾經戴

苦心志勞筋骨身空之者指不勝屈目下苦廿來家貲漸厚立

佇足衣豐所謂東隅巳逝桑榆非晚也何叔以酒疾七旬方滿

所然雖二子一女巳了子平之願孫枝傑出庶曾啟飴點額馬

亦可瞑目矣是為誌　　　族任西昌縣掌文生孫援選沐

坐甲山庚向

辛瑞一醉鑾西遊　　恩把萱影當涼樓
諸生順死多多恨采壽貴貴复四屐
諮安去津千军志　礼乐家尼勞載流
日積善慶假龙豆美　見孫宣育有大功扨
春晚鹽邑文生萧　江良恭儉家風，
閃正直公平品概　子李幼貢可頌

同治元年歲次壬戌季春月清明後二日

# 66. 夫役碑记碑

**形制**：圆首长方形。

**尺寸**：高130、宽67厘米。

**石质**：红砂石

**年代**：清同治元年（公元1862年）

**地点**：碑现在西昌市礼州镇政府

**碑文**：

夫役碑记

夫役之设由来旧矣。属在边鄙，夫役无几。毋庸设法，礼邑路当孔道，夫役浩繁，倘非设法，苦力」难支。且近年富者捐衿免役，强者假公不夫，惟贫民一月应夫数次，惨不可言。生等目击，久欲」禀恳设称取资应役，奈无仁恩作主，弗敢擅专。兹幸董主涖任斯土，诚求保赤，爱民如子，」生民等据实禀恳，仁恩即作主赏示，准给公称以除私称，取资息以应夫役，又复详文申明」府县，自公称立而支夫有藉，一时之贫民不啻死者复甦，悬者立解。此虽生民等之所谋，实属」仁天董主之所赐，怀保小民，不即是哉。礼邑沾感无暨，因勒石以志不朽云，并将条规列右。」

奏办防剿事务监盐运使御候补班前补用道兼摄宁远府事加五级记录五次　史

特授四川宁远府西昌县[1]正堂候选军粮府加五级记录十次　程

特授四川宁远府西昌县礼州分县加三级记录五次　董

— 制台[2]夫役与道台[3]同规，热水仍帮贰拾五名。

— 学宪夫役与道台同规，热水外帮贰拾五名。

— 道台拖琅支下差沙坝，上差府县城乡支持。

— 府官夫役乡下支持，县官分县城上支持

— 委员查牌提牌官城上支，下差乡下支，上差准夫九名。

— 兵差奉宪檄谕，免累民间，即用夫三地均派。

（以下为首事等文生、武生、监生[4]、军功、粮户、保正等姓名，丛略。）

大清同治元年岁次壬戌冬月初八日立

**注释：**

[1]　西昌县　明建昌卫，清雍正六年（1728年）置西昌县，治所在今西昌市，属宁远府。

[2]　制台　清代对总督的俗称。总督，清代的地方最高行政长官，辖一省或二、三省，有清一代先后设了九个总督，即直隶总督、两江总督、陕甘总督、闽浙总督、湖广总督、两广总督、四川总督、云贵总督及东三省总督。各总督综理军民要政，为正二品官，加有尚书衔者为从一品。此外还有专管漕运的"漕运总督"和专管河道的"河道总督"。

[3]　道台　道员的俗称。清乾隆专设分守道和分巡道，多兼"兵备"衔，辖府、州，为地方省与府、州之间的高级行政长官，正四品。

[4]　监生　清代一般指由捐纳取得资格，不经过府、州、县学应试乡试而取得出身的生员。捐纳得官者，必须先捐"监生"作为出身。

短评：

夫役劳民扰民，贫者尤受其害。加上经办人员从中渔利，百姓苦不堪言。官府在士绅要求下，确定夫役条规，镌碑明示，对经办人员也是一种监督。

66·
夫役碑记碑

夫役碑記

夫役之設由未舊兵屬在這部夫役無幾無瘋矣法禮

難支而延年富者捐給免役從者假公不夫惟貪一月臨火

票懇設秤取資應役悉無仁恩作主弗敢擅事除秋辟取堂

生民等擾實稟懇役仁恩即作主賞示崔給公秤立而業實者

府縣自公秤立而支夫有藉一時之貧疾不當死者僉保鄉下

仁天董主之所賜懷保以民不即是哉礼邑沽蘆固勒石

奏辦防勤事務監鹽運使御候補班前補用道慕樹高遠府爭加五級紀錄五次史

特授四川甯遠府西昌縣正堂候選軍根府加五級紀錄十次程

特授四川甯遠府西昌縣禮州分縣加二級紀錄五次董

一制臺夫役與道臺同規

一熱水仍幫貳拾五名

一學憲夫役與道臺同規

一熱水外幫貳拾五名

一道臺拖琊支下差沙坦

上差府縣城鄉支持

一府官分縣城上支持

一委員岔牌提牌官城上

一支下差鄉下支上差

一兵差奉憲概論免景峨

間卽用失三地均派

首事

監貢記乾正山　任散粦料

黃其珍　楊昌瑞董看祥

王廷羽　趙種芬功墓素

户　糧　楊紹宮

康世成董

全

大清同治元年歲次壬戌冬月初玖日立

# 67. 三费[1]局序碑

**形制：** 长方形，下部残。

**尺寸：** 残高86、宽88厘米。

**石质：** 青页岩

**年代：** 清同治二年（公元1863年）

**地点：** 碑现在德昌县上翔街

**碑文：**

三费局序

三费建□为除弊安良计也。夫弊实缘□□讼狱□最足为民害者莫……」咸丰□□□仁寿举人张□等禀请遵照前督宪徐通饬备筹三费条规……」总局应给毫不累及民间，诚良法也。同治二年复蒙督宪骆厘定书……」宪批饬通□章程刊列于左。」同治二年正月二十二日遵抄」四川布政使司[2]刘四川按察使司李为遵批扎饬事。同治二年正月初二日奉」总督部堂骆□批，据射洪县知县杨勋具禀，川省州县衙门书差之□……」因狱讼费□□□书役欲壑轻鼜，既不可听其□□□□ 又未便使其□……」查照得蒋守若采，前知安岳县任内所定书役规费章程斟酌损益，因□□……」方元气，甚属可嘉。仰布按两司即饬如禀办理。并通饬各属以风示其□……」便转饬所属一体遵照，毋违此扎。」

计开书吏房班[3]各项规条」

—□房吏书每案开单纸笔费，向无定数。今议原被告各给纸笔饭食钱……」□□吏户礼兵工仓盐各房[4]开单仿此。其有原被告家寒者酌量减让□……」□原被告各给夫马钱四百文，饭食钱贰百文，共钱六百文，以壹百□……」验命案已有济民局按日支给夫马饭食，不得再于乡间需索钱文。」

—词讼唤审每有两房争办之弊，今议批发新案呈词，由承发房分送各□□」控刑□□下乡验伤，照前条里数付给夫马饭食，不得以验伤名□……」系酿成人命，无论何房之案，均改归例□□办。」

—民间词讼每案差头拨差饭食钱文向无定数。今议原告共给饭食贰……」钱数十余人亦□此钱数，至所给五千三百文之内，以五千文交给差人以……」□班看门三项人役，按照向规今收，此外不得多索。其有实在家寒者酌……」

—每案初审向有送案陋规。今议酌减办理，于初审时原被告两家共给钱……」□千文用杜起灭自由之弊，均交□□□到侧门，如遇实在家寒者酌□……」

**注释：**

[1] 三费　指县衙各房人员经办官司事务所收取的纸笔费、抄写费、饭食费。

[2] 布政使司　即布政使衙门。清代布政使为各省总督、巡抚属官，主管一省的财赋与人事。从二品。

[3] 房班　房即六房，班即三班，三班也是衙门的基本组织，三班人员是"衙役"的重要组成部分，他们服务于县衙，处于专制权力结构的最底层。三班又分为皂班、壮班和快班，皂班负责升堂审案时的站班、行刑等，壮班负责力差、催科、征比等，快班负责转关缉捕，又分马快和步快。

[4] 吏户礼兵工仓盐各房　清代朝廷中枢设立吏、户、礼、兵、刑六部，基层政府则对应地设有办事机构，即吏户礼兵工刑六房，它们是县衙最基本的职能办事机构。《清高宗实录》卷十八中载："旧制，钱粮、刑名等项分委承办。设有六房，附于州县公堂之左右"。六房每房都有一个正头，名曰"经承"；一个副头，名曰"管年"。六房人员都是

些读过书，但举业无望，只好用钱买胥吏额缺，或通过招募考试而被选用的人员，他们"文理明通，熟于律例，工于写算"。是衙门内的文职办事员，没有俸禄和工食银，只能靠很少的纸笔费、抄写费、饭食费以及攫取各种私利生活。六房各有专职，各司其事。后因所需，又设了仓、盐运两房。该碑未列刑房，恐为漏刻。

**短评：**

　　因清代县衙六房人员没有俸禄和工食银，只能靠很少的纸笔费、抄写费、饭食费谋生，必然产生乱收费和两房争办案件的弊端，故县衙出示规定各项费用的收费标准和有关条例，维持县衙的功能正常进行。

67．三费局序碑

## 68. 蓝淑榜墓碑

**形制：** 圆首长方形，碑额上缘阳刻牡丹纹，两侧阴刻墓联"慈良卧福地，吉穴振家声"，碑上端阴刻"裕后"两个楷书大字。

**尺寸：** 高106、宽54厘米。

**石质：** 红砂石

**年代：** 清同治三年（公元1864年）

**地点：** 碑现已不存，拓片存凉山州博物馆。

**碑文：**

公系成燄公之四子，生于金堂县棉花冲。因家计为艰，辞亲来建，同兄」贸易，家遂小康。娶妇续弦，生一子尚幼。于时年方四旬有四。不料长」毛[1]入境，公忧心家务，贼众临门，公与贼懿冲，□贼遇害亡身。此时地方」遭其蹂躏，仓忙寄殡。今诹吉于甲子年十月朔三日实葬，因志之以」俟后之子孙知公为家亡身云尔。

## 清烈士蓝公讳淑榜 大人之墓
愚戚晚彭绍古沐手拜书
坐寅山申向兼艮坤分金（孝名略）
清同治三年小阳月朔三日谷旦敬立

**注释：**

  [1] 长毛 清政府对太平天国的诬称。

**短评：**

  清同治二年，太平天国翼王石达开率部西征，途经凉山。其具体经过为：同治二年二月二十八日，石达开率兵二万余，从云南东川经今会东鲹鱼，渡金沙江循会理侧而北上。三月十四日至西昌河西（今佑君镇），十五日夜驻扎樟木箐。十六日清兵渡安宁河与石达开太平军作战，失利，十八日，清兵大败。十九日晨，太平军由拖琅沙坝入冕宁，经冕宁大桥至石棉紫打地，最后在紫打地全军覆灭。故在西昌、冕宁一带常发现记载有太平天国军过境的碑刻。

  另外，碑文记载墓主蓝淑榜祖籍四川金堂，因经商定居西昌，对于研究西昌外来移民的历史与身分也具有一定的研究价值。

# 69. 莲花池古渡碑

**形制：** 长方形

**尺寸：** 高133、宽68厘米。

**石质：** 红砂石

**立碑年代：** 清同治四年（公元1865年）

**地点：** 碑原在米易县挂榜乡，现状不明，拓片存凉山州博物馆。

**碑文：**

莲花池古渡也，源名孙水[1]，地处偏隅，而东有观音场，西有挂榜街，往来行人，络绎不绝，实当□之要津上。为嘉庆十七年……」施为□渡，凡大小船□□，母子口食，皆独为任之。后因路当孔道，时起风波，张姓惧祸，始撤渡过而移家庙焉。□年……」皆取资于从人也，兼规模未定，捐派既艰，而露宿风餐渡人无所归宿，今幸杨远富等有继善之心，续张公……」两地绅粮首人会商张族老幼于焉，募化庙基，□君略无吝色，乡□亦皆乐助，□材鸠工□□□□将……」□继复商定修培口食等费。窃幸张府克绍乃祖积善之德，嗣后大小船只□□张府仍然独力修培，其□□□□□……」仍照旧规两地收取。当河水涨发之时，异地客商担负□取钱十八文，单身者取钱四文，其余春秋冬□□□收不……」□倘遇分□□难宽。至河水之奔腾无定，若异日水势分流，船往别开，船棚必拆屋还基，不得□庙别□，所有……」必由两地首人着妥渡口，大小事件亦属两地首人应为，施主地主毫无干□，从此洪沐神庥，永享清……」以宏济乘长风而破浪，彼岸同登两地之造福为无量矣。用叙本末章程，以志不朽，是序。

　　　　善仕（以下为施船善士、施地善士及助钱之众首事、众善士名，略）

同治□年六月初二日

**注释：**

　　[1]　孙水　即安宁河。

**短评：**

　　旧时渡口及渡船多为当地民人捐资修造，方便旅人，有的渡口也向行人收取一定费用，以作维护渡口、渡船及摆渡工人生活的开支。在这类社会活动中，士绅们往往起到积极的带头作用。

69·莲花古渡碑

## 70. 姚联升墓碑

**形制：** 圆首长方形，碑额上缘阳刻二龙戏珠图案，两侧阴刻墓联"牛眠已卜三公兆，马鬣聊成一版封。"

**尺寸：** 高145、宽73厘米。

**石质：** 红砂石

**年代：** 清同治七年（公元1868年）

**地点：** 现存凉山州博物馆

**碑文：**

弟乃武弁人也。幼习诗书，长笃农业。继自道光二十八年入伍，挺」身报国，出师詹堆，又于广西建功，获六品顶戴。倘天假以年，虽」筹边未能过人，而处囊亦当脱颖，即缓带轻裘不是过也。无如」长材短驭，乃于同治元年发逆[1]过后，竟至奄然物化，所幸膝下」有子，负质挺秀，将来启后之征讵有艾欤。」

宁远府学文生胞兄德懋志

# 清故武骑尉[2]姚公讳联升墓

男 姚廷辅 祀

大清同治七年戊辰岁二月十八日 立

**注释：**

[1] 发逆　因太平天国蓄长发，被清政府诬称其为"长毛"、"发逆"。

[2] 武骑尉　清代武官散阶有武德骑尉、武略骑尉、武信骑尉。据碑文所载姚联升"获六品顶戴"官阶，应为武略骑尉（正六品）或武略佐骑尉（从六品）。

**短评：**

　　该碑所记同治元年发逆过境，即太平天国石达开所属赖裕新部过凉山之事。据民国《西昌县志·兵寇志》载，清同治元年十一月十一日，赖裕新部渡过金沙江，经披沙、洼乌、普格入西昌境，于十二月十二日至西溪，二十四日后到河西、高草驻扎。同治二年正月九日，赖裕新拔队离西昌北上冕宁、越西，后在越西白沙沟遭遇清兵埋伏阵亡。

# 71. 禁止赌博碑

**形制：**圆首长方形，碑额阴线双钩"禁止赌博"四个楷书大字。

**尺寸：**高125、宽60、厚15厘米。

**石质：**红砂石

**年代：**清同治七年（公元1868年）

**地点：**原在会理县彰冠乡张古凉桥小学（原蔡家祠堂），现存会理县文管所。

**碑文：**

窃思戒赌之条，前人之述备矣。我洛阳家风，历祖以来，断未有公孙、父子、弟兄、叔侄同场聚赌，以败」家声，至于如是。今与阖族约：自垂碑禁止后，倘族人仍有窝赌、邀赌、诱赌种种赌局，我祖宗定不愿有此」子孙。世世族长、族正，重则定要禀官，照例究治；轻则入祠，以家法从事。敬录戒赌十条，以垂于后。」一　坏心术。一入赌场，遂成利薮，只顾自己赢钱，那管他人破产，心术岂不大坏。」二　丧品行。凡人贵贱高下各自不同。赌博场中，只问钱多钱少，那计谁贵谁贱。有何体统，成何品行。」三　伤性命。赢了乘兴而往，不分昼夜；输了拼命再来，那计饥寒。从此耗精疲神，损身丧命，岂不可伤。」四　玷祖宗。送了人的银钱，还笑浪子发呆；破了你的家产，转叹痴儿作孽。不能光宗耀祖，反致辱没门庭。」五　失家教。赌博一事，引诱最易。父子博，兄弟博，白日赌，深夜赌。家教大坏，可为寒心。」六　荡家产。始而气豪，则挥金如土；终而情急，则弃产如遗。衣裳典尽，田宅鬻完。想到此间，岂不可怜。」七　生事变。通宵出赌，彻夜开场。甚至浪子夤缘而生计，匪人窥伺以为奸。祸机所伏，岂不可虑。」八　离骨肉。士农工商，各勤职业。自入赌场，遂沉苦海。妻子吞声而饮恨，父母蒿目而攒眉。抚心自问，其何以安。」九　犯国法。赌博之禁，律例最严。轻则杖一百，枷两月；重则徒三年，流三千。绅士照例革斥，成何面目；衙」役加倍发落，须顾身家。与其事后而悔，何若先事而戒。」十　遭天谴。历看开赌之家，每多横祸；赢钱之辈，偏至奇穷。总由噬人血肉，饱我腹肠；敛彼怨恨，供我欢笑。所」以鬼神怀忿，报复不肯稍宽；天道好还，彼此同归于尽。通场看来，更有何益。」历观数条，俾世世子孙，触目惊心，最宜改悔矣。近来我族之中，多有不肖之徒，不务根本，而贪」赌博。不论祖孙、叔侄、弟兄，打牌、掷骰、摇宝、弹钱，家家有交谪之声，幼子有效尤之惨。种种丑态，」难以枚举。况乎场伙一毕，则见其当器卖物也，有人则见其倾家破产也，亦有人且见其」抛妻别子流离他乡也，亦罔不有人。赌之害人，甚于水火贼盗，深为可悯也。是以阖族商议，」勒碑刻石，永远禁止焉。俾我族中，老有所勉，少有所戒，勤耕苦读，型仁讲让，庶不忝南京家声[1]耳。

大清同治七年三月中旬吉日□族公立

**注释：**

　　[1]　南京家声　分布于会理、西昌、德昌、冕宁的汉族，大多数为明清时期来自湖广及其他地区的移民，这些移民多有其老家为南京应天府柳树湾的说法。南京家声即移民们所称老家的声望。

**短评：**

　　赌博乃社会恶习，为世人痛恨却难除其弊。中国古代以宗法制度作为维系社会稳定的重要手段，宗法制度在民间一直具有很强的力量。为维护家族的稳定与繁盛，利用家族的力量来禁止赌博恶习，在当时来说也是一种强有力的措施。

# 72. 禁革私开小押[1]碑

**形制：** 长方形
**尺寸：** 高136、宽37、厚11厘米。
**石质：** 红砂石
**年代：** 清同治七年（公元1868年）
**地点：** 现存西昌市文管所
**碑文：**

钦加同知衔特授宁远府西昌县正堂加五级记录十次姚」
据禀永远示禁事。案据十团四乡绅耆郭文庆、孙峨龄、陶懋楷、李……」马泰川、萧鸣裕、唐治邦、翟光发、马云从、孟谈经、马发骥、何耀然、马登魁、……」刘文焕、杨肇新、尤大文、苏拔才、杨凤翔、李长福具禀，监内私开小押于……大」有关系。恳请示谕刊碑永远禁革等情到案，据此查监狱重地，□应严……」禁卒开设小押，则不免闲人往来，设有疏虞，关系实非浅鲜，……尤于」民间多所未便，自应永远禁革而杜流弊。除禀批示外，合行示谕，刊碑以禁」示之后，倘有前项情弊，一经查出，定将当本照例充公，仍治以应得之罪，决不」宽贷。凛之遵之，毋违特示。
　　　　　右谕通知
同治七年四月初贰日
告示　实刊南门晓谕勿损

**注释：**
　　[1]　小押　即小型当铺。

**短评：**
　　此碑对于研究清代监狱内部情况有一定价值。狱卒们在监狱内私自开设当铺，不但盘剥犯人，还将触角伸到了监狱之外；造成监狱内"闲人往来"，此等陋习可能由来已久，以致官府都不得不出示禁止。

72.
禁革设立小押碑

# 73. 金江书院[1]碑

**形制：** 横长方形

**尺寸：** 长125、宽35厘米。

**石质：** 红砂石

**年代：** 清同治九年（公元1870年）

**地点：** 现存会理县一中（清代会理金沙书院旧址）

**碑文：**

## 鹿洞天然[2]
庚午初秋

**注释：**

  [1] 金沙书院　会理清代书院，始建于清乾隆十六年，初名会华书院。乾隆十八年更名为玉墟书院，乾隆五十九年改称会川书院，道光初年再更名为金江书院，为宁远府著名书院，嘉庆十六年迁建于文庙南侧（即现址）。

  [2] 鹿洞　即江西庐山白鹿洞书院，北宋理学大师朱熹所建，为中国古代著名书院，故旧时书院多用"鹿洞"作雅称。

**短评：**

  此碑镌刻于清庚午年。有清一代，干支为庚午的有康熙二十九年、乾隆十五年、嘉庆十五年、同治九年。康熙二十九年和乾隆十五年金江书院的前身会华书院尚未建立，嘉庆十五年时金江书院尚未迁建于现址，故推测此碑为同治九年物。

73. 金江书院碑

# 74. 仙粉志铭

**形制：** 横长方形

**尺寸：** 高34、宽62厘米。

**石质：** 青色花岗岩

**年代：** 清同治十年（公元1871年）

**地点：** 原在冕宁县，现存凉山州博物馆。

**碑文：**

仙粉[1]志铭
大清同治九年庚午岁闰十」月，五谷不熟，米价高昂，」每斗价钱七百文。至十」年辛未岁正月初一日，」观音大士显化于此地，出仙」粉二处，其味香酣，形似」米粉，东西南北来取者」每日数百余人。普救众」生，因之以志不朽云。」
大清同治十年正月十三日」合屯士民众姓同建。

**注释：**

[1]　仙粉　即白膏泥，俗称的"观音土"。

**短评：**

　　旧时每逢大灾，饥民常以白膏泥充饥，腹胀不泻，死者不计其数，史书时有所载，冕宁《仙粉志铭》为此类史实之实物见证。该碑同时还记载了灾荒发生的时间和当时当地的米价，具有很高的史料价值。旧《冕宁县志》还记载有相关传说："相传明蓝玉公剿平越鲁诸夷后，岁大歉。有仙人指土为面，人争取以作饼，味如荞面，邑人赖以全活。至秋成稼熟，其土粗臭不可食矣。"

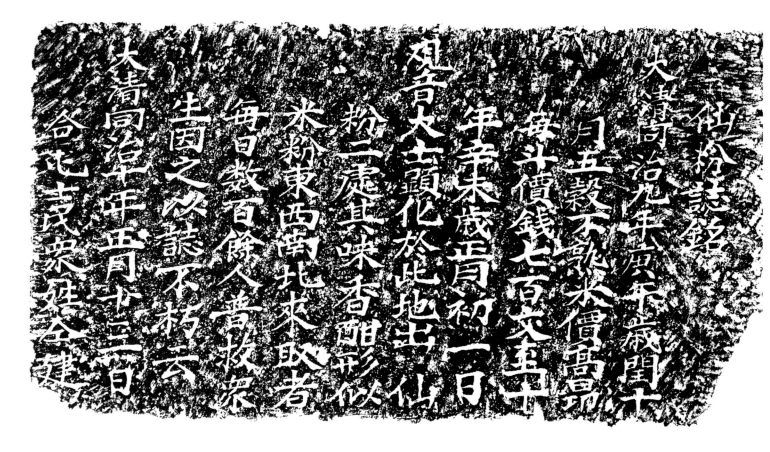

74．仙粉志铭

## 75. 钱凤文墓碑

**形制：** 圆首长方形

**尺寸：** 高102、宽72厘米。

**石质：** 黄砂石

**年代：** 清同治十年（公元1871年）

**地点：** 原在昭觉县三湾河[1]，现存凉山彝族奴隶社会博物馆。

**碑文：**

圣云慎终追远，志云木本水源，而吾钱氏岂无根本乎。初籍南京应天府竹子巷人氏。始祖」移」□云南曲靖府宣威州□□里头甲太阳冲居住。五世后高祖钱公□洪恭移居西泽戈别居住。四世」予祖钱公讳汉合缪氏，二祖公汉侯何氏还坐滇省，予本系汉合之后，生六子，长凤文张氏，次子凤祥」□氏，三子凤成何氏，四子凤盈崔氏，五子凤羽龚氏，六子凤宣张氏。凤盈、凤宣二支坐居云南，凤成绝」嗣，凤羽搬移白脚坝，予本凤文同二弟凤祥于道光二十四年搬移四川宁远府西昌县所属三湾河居」住。想我凤文公之为人也，赋性温良，□□贸易为本。治家而克勤克俭，教子而闻诗闻礼。宽以驭下，和以」□□惟拟示眷福禄云乎。岁在咸丰四年□月初五日亥时，□□□□生于乾隆戊子年二月初九日辰」时告终。若我彭城氏源远长流，如此，故志于碑，千古不朽。

清待赠乡称醇厚谨慎贤良钱公讳凤文老大人之墓

　　寅山申向 丙午 丙申分金 坐箕向参

　　　　孝男（以下为孝男、孙、重孙辈姓名，从略）

大清同治拾年十月初十日　敬立

**注释：**

　　[1]　三湾河　金沙江的二级支流，全长约51公里。现位于昭觉县中部，两岸地势平坦，气候较为温和，是大凉山少数可以种植水稻的地方。

**短评：**

　　墓主自称祖籍南京应天府竹子巷人氏，很难确定。明清时期西南地区的许多汉族移民都声称自己祖籍南京应天府，甚至有部分土著少数民族也称自己祖籍南京应天府。其实西南地区的移民来源复杂，因明代南京为首都，故其自称祖籍为南京应天府多为附会之词。然此碑所载钱氏家族移民云南曲靖府宣威州再迁四川宁远府西昌县的过程则是可信的。

## 76. 周凤翔墓碑

**形制：** 圆首长方形。
**尺寸：** 高140、宽70厘米。
**石质：** 红砂石
**年代：** 清同治十二年（公元1873年）
**地点：** 现存凉山州博物馆
**碑文：**

公好义多谋，吾于侠烈传中遇之矣。执笙簧六籍之才，身游泮水[1]；裕鼓吹百家之学，禄食天」家。奋翮秋闱[2]，董道不遇，且夫穷达命也，谋为才也。独忆滇匪[3]渡江，会城失陷，邑以唇齿相」依，不免池鱼增痛。况民贫地瘠，兵饷全空，当路者仓皇莫措矣。公独设公局以倡捐，名」称忠义；募健儿而御侮，力解兵霜。卒至夷氛未靖，髪逆再起。公筹画如故，奔劳如故，即」斯人之怨谤，亦复如故。太守李公曰："周君，其今之古人钦。独是谢太傅藏菴退守之年，武」乡侯精神尽瘁之日。爱莲道脉犹存，共说苏夔有子；细柳宗风未坠，堪夸桓武可儿。"辛未」冬，一疾而薨。吁嗟乎！马鬣云封，好种长生之石；羊毫墨润，聊书记事之珠。」

清乡贡进士周公　讳凤翔　字岐山　墓
　　　　己酉科廷试进士即选教谕[4]姻晚许国琮顿首拜撰
　　　　宁远府学文生眷晚高联崧沐手敬书
　　　坐壬山丙向兼子午三分辛亥己分金
　　　　（以下子孙名，从略）同祀
同治十二年岁次癸酉仲冬月朔三日吉立

**注释：**

　　[1]　泮水　相传古代的官学前有半圆形水池，名"泮池"。明清亦沿此制，于学宫前凿有泮池。凡考入府、州、县学的生员（秀才）可以进入学宫学习，故称为"入泮"。

　　[2]　秋闱　即"秋试"。明清两代于每三年的八月间在各省省城举行一次考试，称为"乡试"，由朝廷派出正副主考官主持，被录取的生员称"举人"。

　　[3]　滇匪　清政府对咸丰年间云南大理杜文秀回族起义军的诬称。

　　[4]　教谕　教职名。明清时期的县学皆设有教谕，其职责为主持孔庙祭祀宣扬儒家经典和皇帝的训谕，教导与管束所属生徒。

**短评：**

　　此碑所载"滇匪渡江，会城失陷"即清咸丰年间云南大理杜文秀回民起义军攻陷会理州城的一段史实。据清《会理州志》载，清咸丰十年云南杜文秀回民起义军一部，以桂极福为主将，李彦清为副将率部攻取会理。同年冬月初，起义军将领雷显发率部突破清军十三营金沙江江防，进抵会理城。初八日，起义军进驻会理州城。清宁远知府李祜调集西昌、越巂、德昌兵练5000余人包围会理州城，双方多次在城内外展开激战。至咸丰十一年七月七日，清军攻入州城，经近一月巷战，八月三日，城内起义军大部战死，城外起义军见大势已去，陆续退回云南。

## 77．太平站碑

**形制：** 长方形，碑额阴刻"太平站碑"四个楷书大字。

**尺寸：** 高160、宽85厘米。

**石质：** 青石

**年代：** 清同治十三年（公元1874年）

**地点：** 现在冕宁巨龙乡觉华寺

**碑文：**

从来役令烦兴者，」君公出于不得已，唯令是从者，黎庶分所不容辞。诚以微贱之身家，既戴德于无事之日，当报功于有事之秋」也。是故征役之举，有财者虽费财而身得安，无财者劳其身而财并费。众熟计之，与其劳身而并费财，不若」费财而身得安之为当也。爰是合堡公议，定一久安之策，以作子孙逸佚之休。要约三十二户人设一小站，」其中不论贫富，不论贵贱，不论夫之大小，不论弟兄之多寡，但以户为率，或二三弟兄为一户，同当一夫」者；或无兄无弟一人为一户自当一夫者；或三四弟兄为一户，内有一二功名免其差役者；或四五弟兄为」一户，外有大站田不当差役者，均皆计户出钱，每户出钱一千文，以作设站之资焉。所以然者，谓其贫富」无常，贵贱无定，夫之大小有转移，弟兄之多少有循还也。是以我站内其人特三十二户，其钱特三十二千文。」惟愿合站人等同心同德，积益钱文，以图久远之计，切不可有始无终，大负设站之苦心焉耳，是为序。」

一户谢国荣、□、□、富、永、宗；一户邓启煋、煜、启纶、绪；一户李廷元；一户谢国宁，邓光唐，邓启凤，邓启云，张日中，邓逢尚，陈□璧，陈德贵，陈德义，黄子云，杨□文、成德，邓启相，捐□□□」陈源贵、英，源品，邓启育，邓启□、□、启钟，谢永中，邓启芹，艾成顺、德，成元，邓光倍，邓启秀，邓元中，邓启魁、和，启蔚、仲，邓启□，邓启宗、忠，邓文士、发，邓逢□、泰，邓启项，邓启兴。」一起买明水田三丘，约种六斗，坐落殷家河坝，随代秋粮六升，价银六十两。　一起买明水田大小二丘，约种五斗，坐落墙园，随代秋粮五升，价银七十两。尉添姚宗富、贵」一起买明水田大小六丘，约种五斗，亦坐落墙园，随代秋五升，价银六十两。　一起买明水田大小五丘，约种七斗，坐落亦殷家河坝，随代秋粮七升，价银七十两。」一起买明水田一丘，约种二斗，坐落四分一对田，随代秋二升，价银四十两。一起买明水田一丘，约种三斗，坐落槽子沟，随代秋粮三升，价银三十五两。」一起买明山水田大小五丘，约种三斗，坐落张家山田，随代秋三升，价银三十两。」

　　谢国全 陈德贵 邓启育 邓启顺

　总理文生 邓启煜 谢永中 邓启云 邓文士 李廷元 邓光曾 邓启凤 邓启秀

同治十三年十月初二日 立

**短评：**

　　赋税与劳役是封建时代民间的主要负担，按当时规定，可以交钱顶替劳役，民间为应付劳役，设立"站"这种组织，按户交钱。该碑对于了解清代民间的经济社会组织具有一定价值。

77.
太平站碑

# 78. 禁藉命妄讼碑

**形制：** 长方形
**尺寸：** 高140、宽75厘米。
**石质：** 红砂石
**年代：** 清同治十三年（公元1874年）
**地点：** 现在西昌礼州镇政府
**碑文：**

总督吴示

钦加五品衔特授四川宁远府西昌县礼州分县[1]即升县加三级记录五次马」署四川建昌镇标中营热水汛部厅世袭云骑尉[2]即升副府陈」抄奉」头品顶戴[3]兵部尚书[4]兼都察院右都御史[5]总督四川等处地方提督军务兼理粮饷管巡抚[6]事吴」为藉命妄讼出示严禁事。照得问刑衙门原为申冤理枉而设，如系刁徒妄讼，宜知实究虚坐之文，功令森严，刑章具□。」兹据署苍溪县蔡令禀称，川省民情好讼，寻常案件拖累尚浅，惟诬控命案扰害最深。虽提究虚诬立为严惩，终难挽此□」风。推原其故有三，一为地痞贯揑乡愚，无中生有，动辄搜寻命件，妄称生死不明，率领恶党，多□□至该家，多方吓诈。善□」忠厚者听其揑索，只求免累，如有不服之家，痞等本非尸亲，必至串通愚昧之徒，怂令出头控案；一为图谋报复，□日结□」嫌隙者，或勒索未遂，或他事受屈，欲报无由，遇有命件，无论真假，可以妄充尸亲者，即自报案，否则暗中唆讼，扰害无辜。□」为川北陋俗，男子数岁，每与十余岁女子为婚，小接过门，希图可以工作出力，其中弊窦不可胜言。终至不受管束，野性□」张，祸生不测。间有翁姑严厉，丈夫督责，即为投水服毒，自缢悬梁，该妇母家聚族而至，勒索财贿，称愿方止。其中稍有未□，」捏情控案。以上各情，皆系图揑起衅，即地方官明知其弊，而案关人命，不得不准。下乡详验，迨至唤讯，皆属子虚。轻者责□，」重者枷号，且为恺切谕禁，而诬控刁风卒莫能止。理合禀请严行禁止。庶几雷霆震动，聋聩咸知，等情前来，本部堂查例载□，」无赖凶棍遇有自尽之案，冒认尸亲，□□□□勒诈者，杖一百，枷号两个月；又控告人命，如有诬告情弊，即照诬告人死□」未决，律□杖一百，流三千里，又律载，子孙之妇违犯教令而依法决罚，邂逅致死者，勿论夫殴妻因而自尽者，勿论各等□，」今该县所禀各情，正与各例相符，除禀批司转饬外，合亟出示严禁。为此示，仰各属军民人等知悉。自示之后，如有前项□」徒藉命诈扰，许受累者投明团约[7]，捆缚解县以凭按照条例惩办。或系无赖凶棍勒诈情节较重者，即照凶棍徒之例，拟□军罪，轻则锁带铁杆石墩，以示惩儆而安善良。倘团约有徇庇情事，察出革究不贷，其各凛遵毋违，特示。

永垂不朽　右谕通知

（以下捐助立碑之文生、监生、职员、首事等姓名，略）

同治十三年二月初十日立

**注释：**

[1]　礼州分县　清代西昌县幅员较大，故在县境内多处设置分县，由县丞或典史等属吏驻分县，以便管理。礼州设有分县，由县丞代行管理。

[2]　云骑尉　清代功臣、外戚的封爵，正五品。

［3］　头品顶戴　顶戴，亦作顶带，清代用以区别官员等级的帽饰。一品官帽顶用红宝石，二品用珊瑚顶，三品用蓝宝石顶，四品用青金石顶，五品用水晶顶，六品用砗磲顶，七品用素金顶，八品用阴纹镂花金顶，九品用阳文镂花金顶。

［4］　兵部尚书　清代沿袭古代制度，中央行政机构亦分为"吏、户、礼、兵、刑、工"六部，各司其职，尚书为各部的最高长官，从一品。

［5］　都察院右都御史　明清时期的最高监察、弹劾机关，清代其长官为"左都御史"，另设"右都御史"为各省总督之兼衔。

［6］　巡抚　清代省级地方政府的长官；总揽一省的军事、刑狱、吏治、盐漕等事，从二品，加侍郎衔者为正二品，地位仅次于总督，俗称"抚台"。巡抚一般均加有兵部侍郎及右副都御史之兼衔。

［7］　团约　即民团、保约，清代社会的基层管理机构，民团为由官府支持成立的民间准军事组织，保约即保甲制度。

**短评：**

该告示因苍溪县令蔡某所禀"川省民情好讼"，其中犹以"诬控命案扰害最深"而发，此种恶习手段恶劣，危害社会甚厉，故官府勒令禁止。

78·禁藉命妄讼碑

# 79. 安佐朝[1]夫妇墓碑及墓志

**形制：** 墓碑为圆首长方形，碑额阴刻"尚有典型"四个楷书大字，墓碑碑文为阴刻楷书，碑四周雕刻门楣形装饰。墓志铭为长方形，上部刻官员出行图，下部刻凤凰图。

**尺寸：** 墓碑高120、宽60厘米。墓志铭高98、宽32厘米。

**石质：** 红砂石

**年代：** 清光绪二年（公元1876年）

**地点：** 现在冕宁县森荣乡安家村，封土尚存，墓碑位于封土前方，居中，两侧原各立一墓志铭，现只存右侧一通。

**碑文：**

大清光绪贰年岁在丙子应钟月廿八日谷旦

皇清例赠世袭抚彝司故　严考安公讳佐朝　老　大　人之佳城
　　　　　　　　　　　慈妣彭太君安母　　孺

乙山
辛向　　　　　男 文元 孙 光宗　辉　国　祀

墓志碑文为阴刻楷书，全文为：

洪武年间始入川，临歧古道亦潜然。乡关远隔难回望，双袖龙钟泪不干。奉旨征夷立大功，威名赫濯贯苍穹。勋劳买得君王爱，特赐铁冠示不同。世代簪缨职亦同，弟兄分派各西东。相亲相爱无相夺，而今犹守旧时封。三渡番夷犯本朝，铁燕二将把兵调，临时误了输将令，十大功劳一旦抛。

**注释：**

[1] 安佐朝，彝族土司，其职衔实为瓦都土目。冕宁土司中原设有宁番安抚司，明洪武四年，元镇国将军安普卜之孙安配赴京朝见，因其招安旁部有功，封昭勇将军，子孙世袭，寻授土指挥使。洪武二十五年，已于明初归降的故元罗罗斯宣慰司平章月鲁帖木儿反叛，安的领所部协助朝廷平叛有功，后明朝廷分安氏支系为宁番安抚司，住地冕宁瓦都，再后因故被降为土目，称瓦都土目。其可查世系为： 安承裔——安世爵（乾隆时袭）——安佐朝（嘉庆时袭）——安普氏（咸丰六年护理）。冕宁历史上并未设抚彝司一职，安佐朝其时也只是土目身份，其墓碑上所刻职衔实为夸大之词。

**短评：**

该墓志铭的文法写得像戏文，反映了该土司拥有的汉文化程度的层次。其中提到的三渡水战役是清代发生在凉山冕宁县境内的一次较重要的战役。所谓"三渡水"乃雅砻江位于四川甘孜县至冕宁县的一段，雅砻江从北向南流至今甘孜县境内曰"上渡"，折东300里流入雅江境内为"中渡"，再折南300里流至冕宁县西北泸宁区为"下渡"，合称"三渡水"。旧《四川通志》载："雍正五年，宁番三渡水黑麻溪、腊汝窝等寨番蛮恣行掳掠，川陕总督岳钟琪奏请各路汉土兵进剿黑麻溪、瓦都、瓦尾、哈哈等村蛮赴营乞降，许之。惟三渡水以西生番心怀反侧，总兵赵儒、副将王刚统兵进剿，从头渡造船齐进，分两翼击之，破其中渡黑水岩、对山、儿斯堡等七寨"，事后朝廷以"违误运粮"为由将一些土司参革，追缴了印信号纸。据清嘉庆《四川通志·土司》载，此次被参革的有瓦都土目、木术凹土目、瓦尾土目和七儿保土目。墓志铭中提到的"三渡番夷犯本朝，铁燕二将把兵调，临时误了输将令，十大功劳一旦抛"一事，说明安佐朝也曾随征三渡水，也因"违误运粮"被参革。

79
—
2.
安佐朝夫妇墓志

# 80. 禁叠估加补碑

**形制**：长方形
**尺寸**：高 158、宽80厘米。
**石质**：红砂石
**年代**：清光绪九年（公元1883年）
**地点**：现在西昌市礼州镇政府
**碑文**：

钦命太子少保[1]头品顶戴四川总督部堂管巡抚事丁 为出示严禁事案。据署西昌县梅令禀称，县属地瘠民贫，人」情刁野，凡遇出售产业，当时虽价足契明，而卖主每于事后、或隔数月、或逾一年，必向买主估令加补价值，至再」至三，视为分所应尔。□有再加补、三加补、四加补、五加补、续加补等名目，积习相沿，浸成风俗。其有祖宗置产而」子孙犹受加补之累者，且有价只百金加至数百金者。搕索稍有不遂，即藉事生非，或支老迈男妇卧骗，或送病」危之人恐嚇，或服毒贻害，或持械行凶，历年以此酿讼之案不一而足。虽经官为究断旋翻。受害之家伊于胡底。」禀请示禁等情，前来除批，饬随时严查惩办外，合行出示严禁，为此示。仰军民人等，一体知悉。尔等凡买卖产业，」皆系两相情愿，当时议明价值，立契投税，何得事后多方需索分文，应即严行禁止。嗣后如敢蹈从前积习，任意」估勒加补，许尔受害之人指名呈控，由地方官拿案从严治罪，不准断给分文，以遏习风。至买业之户，亦须于成」交后将价值立时交清，亦不得任意拖欠，藉端妄控，并干究戾。切切，各宜凛遵毋违，特示。遵。

告示　　　　　　　　　右谕通知

特用府即补同知奏署四川宁远府西昌县事候补州正堂加五级军功加二级记录十次记大功三次梅 为」奉批出示严禁事，光绪九年三月初八日奉」按察使司张批，据本县具禀，县民卖业清楚之后，又复叠估加补，百计扰害良善，积习太深，骤难禁绝。恳请□」示严禁，以便刊碑垂戒一案，奉批，具禀已悉。该县地方汉夷杂处，人情刁悍，民间买卖产业，无赖之徒事后迭次」索加，稍不遂意，多方讹骗，殊为民害。仰即严行查禁，遇案认真惩办，轻则枷号示众，重则照棍□扰害拟办，毋稍」姑息。以挽颓风，而安闾里，仍荷」督宪□司、道批示缴，等因奉此，合行出示严禁为此示。仰县属绅衿军民人等一体遵照。嗣后倘有无赖之徒再」敢藉业索取讹骗滋衅，定即分别情节轻重，拿案惩办，绝不姑宽。凛遵毋违，特示。遵。
光绪九年四月十八日　　勒石礼州晓谕勿损

**注释**：

[1] 太子少保　明清两代各级官员都有"虚衔"。最高级的虚衔有：太师、少师、太傅、少傅、太保、少保、太子太师、太子少师、太子太傅、太子少傅、太子太保、太子少保，都是封给朝廷重臣的"虚衔"，没有实际权力，有的还是死后才追赠的。

**短评**：

加补恶习，闻所未闻，为害社会，欺负良善，且顽固难除。从该碑可知，为除此恶俗，西昌县令已不得不向四川总督丁宝桢禀报，由省、县两级政府出示禁止。

80.
禁叠估加补碑

钦命太子少保头品顶戴四川总督部堂管巡抚事丁　为

出示严禁事窃照西昌县梅令丰桥缘属光瘠民贫之人

情刁野凡遇出售霍业当卖之时价值既至再

至三视为分所应洞者再加补二加补四加补绝加补守名目精习相沿浸成风俗其之老蓝里弟骗卖遂

于孙猾受加补也界卷且有价祇百金加至数百金者攫索稍有不遂卽藉事生非或文老蓝里亲卧病戚串

尾之人愚爱贼妻贴等戴两相情殷当卖前央除非已此惟不一而足虽业已卖质契据何地方官一知恶习

皆有未禁等情前央议明价值投契投税何需紫分文以遏止刁风至且买主之户亦须於成

戕估勘加补许尔则受赏之人揢名掯掳种出示严禁为范郎屡行禁止刚悍於可给牛免断切各宜凛遵特示道

文祇将加价值立时东清不得任意扰控种种惟矬从严惩罚始能尽断切切凛遵特示道

昔示

奉论通知　为

蚺用府卽补同知奉署四川宁远府西昌县事候补州正堂加五级军功加三级纪录十次记大功三次梅

未批出未严惩事光绪九十三月初八日奉

按察使司夹城拘本县具详野见之侵文复盘估加补石计繮吾後该当夫

示厩荣以便刊碑垂成一案奉仁柰已逸故县地方汉夷杂庭人情刁悍於何里甚为

姑加精不遏意爱多方志记尾恶民吉仰即

索殊为民害则物歉千累之妄招

玦以挽风而安闾里仍符禁谊葊滋真惩辨　尊

都琭菜旱卽记鹅业劝示戕因奉此合行给示敬为此示仰

帮批示属绅衿军民人等一

光绪九年四月十八日

为此示仰尔等属绅衿军民人等一

于业徴所次不始觉凛遵毋连特下谕至後尚有无颟之徒再

勒石礼办晓谕勿损

# 81. 棲流所<sup>[1]</sup>碑

**形制：** 长方形，下部残，碑额阴刻"永垂不朽"四个楷书大字。

**尺寸：** 残高62、宽63厘米。

**石质：** 红砂石

**年代：** 清光绪九年（公元1883年）

**地点：** 原在西昌市礼州叫花营

**碑文：**

钦加五品衔四川升用县正堂特授宁远府西昌县分县<sup>[2]</sup>……」棲流所之设，原以便往来无依穷黎棲止，今从新修葺应将□□……」款乃□客岁称局余存提出，即使稍有不敷，暂由本分县垫……」黎，无非仰体天心，俯顺舆情之至意，特仰团正廪生胡朝华、团……」

计开……」

—往来乞丐无论远近、老幼、男女，不准丐头需索分文，俾得公……」

—男女有别，礼所当然，不准混乱同地棲止。今已将屋分作三间……」

—外来贫寒之人，不准本地强悍乞丐搕索供应，风闻从前竟……」有余饭，一入此门，既硬估抓取，不顾他人饥寒，情属可恶，倘再……」

—此地遇有病故路毙之人，不准背在他人地界遗害良善，稍不……」出，照例究治。

—乞丐乃鳏寡孤、独身有残疾、贫寒无告者所为，」朝廷今有司设立棲流所容留棲止，无非仰体天地好生之德，不令一……」为之，来院棲止，甚至不安本分，欺压良弱，实属可恶，着责成乞……」

—院内瓦片木料，责成乞丐头随时护惜，不准同类偷窃□□如……」以上各条着仰该首事等勒石立碑于棲流所前，永远遵守。」

　　　　重修棲流所总共用去钱四拾□

大清光绪九年六月初二日

告示　　　　　　　　实勒贞□

**注释：**

　　[1]　棲流所　清代所设收容社会流浪人员及乞丐的场所。

　　[2]　西昌县分县　清代西昌县管辖地域较宽，为便于统治，在县内的一些地方设有分县，派县丞、典史等属吏进行管理，所设有礼州分县、普格分县。

**短评：**

　　此碑原镶在西昌礼州清代棲流所的大门上，详细地记载了清代对棲流所的管理章程，是了解清代的社会救济活动的宝贵历史资料，礼州清代棲流所遗址尚存。

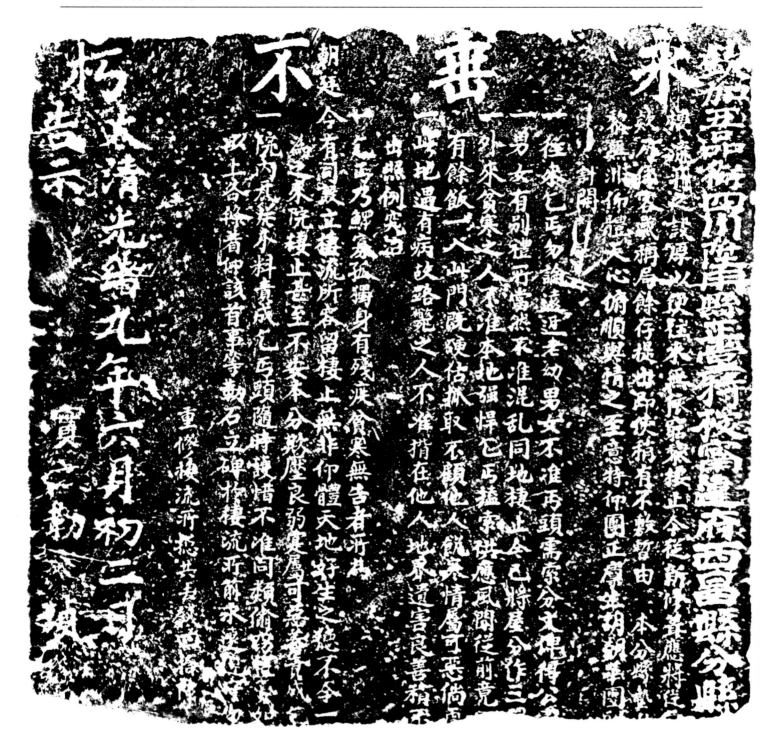

81. 栖流所碑

# 82. 裁撤夫马局碑

**形制：** 横长方形。

**尺寸：** 高78、宽130厘米。

**石质：** 红砂石

**年代：** 清光绪十年（公元1884年）

**地点：** 原在盐源县卫城，现下落不明。

**碑文：**

光绪九年十一月十二日，奉」督宪丁[1]札，开光绪九年十月二十九日专差，具」奏川省裁撤夫马局，请」旨立案一摺。兹于本年九月初七日差弁赍回原□内开」

军机大臣[2]奉」

旨该部知道，单并发，钦此。除分行司道钦遵立案外，合行通饬为此也。仰□□将发下摺稿清单，及奉到」批□查收，赳日刊碑□立大堂，永远遵守。经此次」□明立案后，倘有不肖州县，巧立名目，私行摊派，一经查□□，即严行参办不贷。仍将碑文刷印呈送」备查，毋违此札。计发摺稿清单一纸，」奏为裁撤夫马局，请」旨立案，以垂久远。恭摺具」奏，仰祈」

圣鉴事。窃查川省自同治初年，本省邻省军务紧急，各处征兵防剿，地方供给兵差，始创设夫马局，由地」方官委绅设局，按粮派钱，预备支应。其初专为防剿紧要，办理兵差而设，原为万不得已之举。」迫后军务肃清，兵勇大半遣撤，而各厅州县积习相沿，仍藉兵差名色任意苛派夫马，乃□□累」万有□，正供淫多，加至数倍。地方官以此为应酬公私之具，局绅以此为迎合渔利之阶，小民脂膏」□入官绅私橐，二十余年，视为固有，民力几可□堪。长□剥削。虽前督臣吴查明分别裁」撤酌减，而各属仍多藉口差使，大都阳奉阴违。臣于光绪三年到川，民间具控夫马之案层见迭出。」民情嗟怨，困苦堪怜，当经一律裁撤。惟查南路之雅安、邛州，上至省城，由省至北路广元□境」十八州县，为藏差、喇嘛、学差、试差往来要道，例有支应，不能不稍为酌留，以资津贴。仍饬由」臣亲为核定，于向派钱数大加删减，以杜侵蚀，□纾民力。其余各属均自光绪三年六月起，一」律全撤，不准加派民间分文，如违严参惩办。嗣据各厅州县陆续禀报，裁撤复经遴委贤员」分赴各属，明查暗访，亦尚无巧立名目隐射私收情事。至今数年以来民力稍纾，应供之」差亦无大误。现在各厅州县均尚恪遵办理，□恐历久敝生，不肖官绅复萌故智，仍藉词添」设夫马局，亦不可不预防。合无仰恳」天恩俯准」，

勅部立案以垂久远。以后如有不肖州县擅自开端私行摊派，一经发觉除将该牧令严行参办外，并」请将遵行□准及失察之总督□□一并降级示惩。俾此中士民长获休息。上副」圣□轸念民艰之至意。除将酌留□马之十八州县□□清单恭呈」御览并咨部处理合恭摺陈」奏，伏乞」

皇太后、」皇上圣鉴□示，谨」奏。

光绪九年九月初七日原摺批曰：」军机大臣奉」旨该部知道，单并发。钦此。」

计开：」北路：成都县、新都县、汉州、德阳县、罗江县、绵州、梓潼县、剑州、昭化县、广元县。」南路：华阳县、双流县、新津县、邛州、名山县、雅安县、清溪县、荣经县。以上十八州县为驻」藏大臣、喇嘛及学差、试差往来必由之路，例有支应，应请酌留夫马，各等因奉此。查盐」邑地处偏隅，不通大道，向未设立夫马局，亦尚无影射私摊情□□凭裁撤。惟人情率」多嗜利，诚恐巧立名目，私行捐派，断不可不思患预防。自应遵□刊碑竖立□堂，俾资」遵守而昭核实。自立

碑以后，凡属官绅均应一体永遵，毋得阳奉阴违，巧立名目，私派」私收，致负」督宪轸念民艰之至意也。」

光绪十年四月吉日立

盐源县知县颜同堉敬镌

**注释：**

〔1〕 督宪丁　督宪，即总督。丁，即时任四川总督的丁宝桢。丁宝桢，贵州平远人，咸丰三年进士，清末名臣。防捻军、治黄河、强海防皆有建树，曾任山东巡抚。光绪二年（1876年）调任四川总督历十年，为官清廉，颇有政声。在四川整顿吏治、创办四川机器局、实行"盐政改革"，为使川盐畅销，废除沿途关卡苛捐杂税，并重修都江堰，励精图治，社会为之安定，光绪十一年（1885年）卒于官，赠太子少保，谥文成。

〔2〕 军机大臣　清雍正十年正式设立"军机处"，由亲王、大学士、尚书、侍郎或京堂在皇帝指定下兼任，称为"军机大臣"。军机处是皇帝直接指挥的最高军政决策和执行机构。（京堂：清代称都察院、通政司、詹事府、和大理寺、太仆寺、光禄的主官为"京堂"或"堂官"。）

**短评：**

夫马之局原为应付同治初年川省及邻省军务紧急，各处征兵防剿，地方供给兵差，创建的临时性机构。具体由地方官委派当地士绅设局，按粮派钱，预备支应。后来军务肃清，兵勇大半遣撤，但各厅州县仍借此敛财，甚至加至数倍，"地方官以此为应酬公私之具，局绅以此为迎合渔利之阶。小民脂膏尽入官绅私橐"，故时任四川总督的丁宝桢上奏朝廷，并得批准将四川省部分州县的夫马局撤销，以抒民困。

82. 裁撤夫马局碑

## 83．禁止碑

**形制：** 圆首长方形，碑额阴刻"禁止碑"三个楷书大字，下部风化。

**尺寸：** 高160、宽86厘米。

**石质：** 红砂石

**年代：** 清光绪十一年（公元1885年）

**地点：** 现下落不明

**碑文：**

特授四川建南会理州正堂加三级记录……

分守四川建南会川提调 等处地方汉土官兵……

严禁事案。据贡生熊登曙、文生王道彰、武生张三魁、职员张知禧、粮……」民李顺泰、保正于和顺、铺民江永鸿、王吉庵禀称，□地方风俗廉耻……」蒙文、武官作主培修，路方可行，迄今口碑载道，惟……」夜间大便。此系正大官街，众目昭张之地，时有妇□经……」粮士庶，目击心伤。今生等邀集城外三关人等公议……」坊架子，并塑神像，以昭诚敬。无论军民人等，永不准于此处行大小便……，」碑，以重廉耻而端风俗等情，据此除禀批示外，合行示禁……」处，北门外小巷街口，现已改修牌坊，供有神像，嗣后不准在……」秽街方，倘敢不遵，街方具禀，定行唤案惩治不贷，……」

　　　九省公议」

— 不准行大小便有伤廉耻　—不准……

— 不准过机弓车有伤街道　—不准喂养……

光绪十一年岁次乙酉七月……

**短评：**

　　该碑记载了清代州、县等基层政府对城市的管理内容，包括维持街道卫生、维护街道设施等。

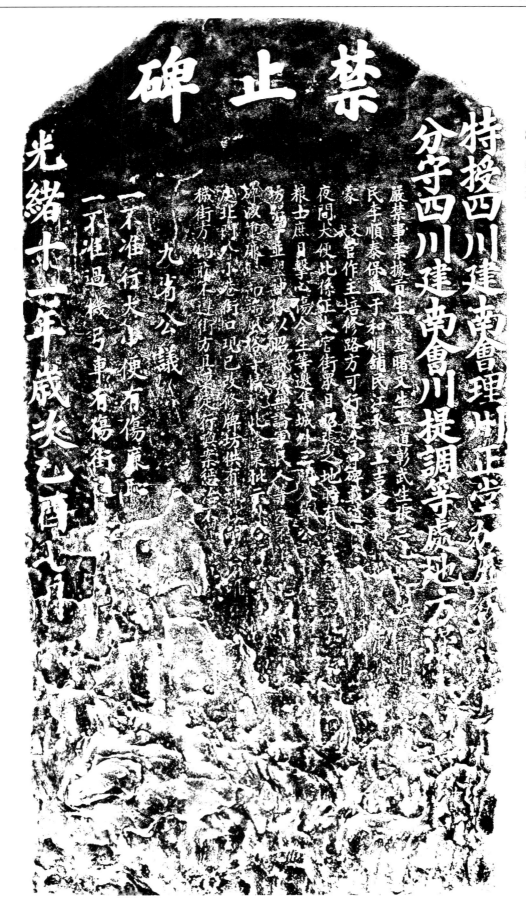

## 84. 四川按察使司[1]游示碑

**形制：** 长方形

**尺寸：** 高120、宽60厘米。

**石质：** 红砂石

**年代：** 清光绪十四年（公元1888年）

**地点：** 现在西昌市礼州镇政府

**碑文：**

四川按察使司游示

| | | | |
|---|---|---|---|
| 照得藉尸搕诈 | 乡愚习惯横行 | 每遇病死路毙 | 以及自缢轻生 |
| 尸亲藉命居奇 | 纠约男妇多人 | 恃众讹索滋闹 | 良懦被其欺凌 |
| 所搕稍不遂意 | 即称身死不明 | 砌词赴官报验 | 发变指为伤痕 |
| 有怨咸列被告 | 任意株累良民 | 似此作恶风气 | 实属大干例禁 |
| 嗣后轻生病死 | 务先投告团邻 | 如无别故掩埋 | 有伤即时报闻 |
| 尸属期功缌麻 | 先尽至亲出名 | 果无服内亲族 | 始准疏远具呈 |
| 念讯实系藉搕 | 照例反坐弗轻 | 三费支发厂费 | 勒令照数赔清 |
| 不准临验恳免 | 求断烧埋钱文 | 除檄牧令严禁 | 特谕绅民凛遵 |

大清光绪十四年岁次戊子孟夏月吉日　礼州勒石公立

**注释：**

[1] 按察使司　即按察使衙门。清代的按察使隶属于各省总督、巡抚，为正三品官，主管一省的司法刑狱和官吏考核之事，俗称"臬台"。

**短评：**

　　清代地方政府常将政府告示改写为通俗押韵的文体进行张贴，以利民众的阅读和理解，此碑是一件完好的实物例证，对于研究清代政府的统治方式具有一定价值。

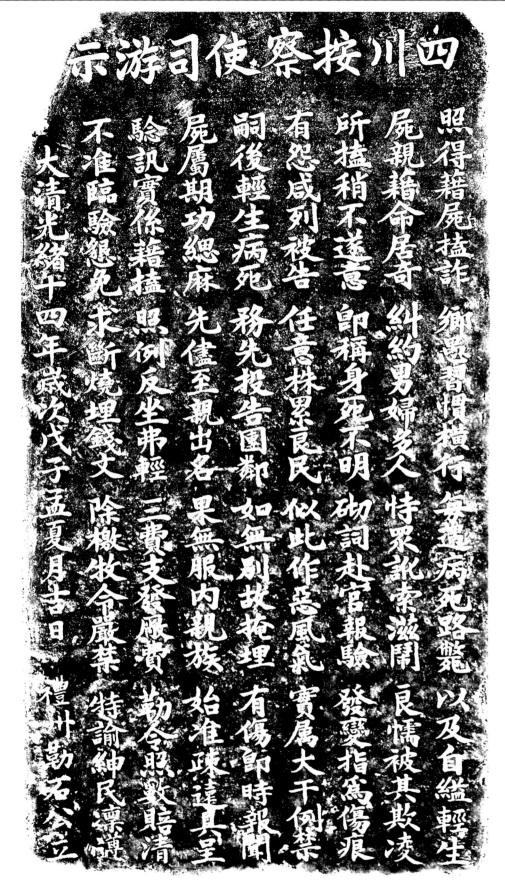

84.
四川按察使司游示碑

四川按察使司游示

照得藉屍圖詐　鄉愚習慣橫行　每遇病死路斃　以及自縊輕生

屍親藉命居奇　糾約男婦多人　恃眾訛索滋鬧　良懦被其欺凌

所挾稍不遂意　即稱身死不明　砌詞赴官報驗　發變指為傷痕

有怨咸列被告　任意株累良民　似此作惡風氣　實屬大干例禁

嗣後輕生病死　務先投告團鄰　如無刷故掩埋　有傷即時報聞

屍屬期功緦麻　先儘至親出名　果無服內親族　始准疏達真呈

驗訊實係藉挾　照例反坐弗輕　三費支發嚴責　勒令照數賠清

不准臨驗懇免求斷燒埋錢文　除檄牧令嚴禁　特諭紳民凜遵

大清光緒十四年歲次戊子孟夏月吉日　禮州勘石公立

## 85. 培修城垣河堤碑

**形制：** 横长方形

**尺寸：** 长94、宽54厘米。

**石质：** 红砂石

**年代：** 清光绪十五年（公元1889年）

**地点：** 原在西昌明清城墙南墙上，现已不存。

**碑文：**

光绪戊子年五月二十三」日夜，河水陡涨，冲坏城垣」二十二丈，河堤六十丈，蒙」提督<sup>[1]</sup>军门<sup>[2]</sup>建昌总镇刘<sup>[3]</sup>」

特授宁远府正堂于 筹款

特授西昌县正堂许 督修

建昌镇标下左营守府周 督工

宁远府□□□经历<sup>[4]</sup>吴 监修

……丈二尺，内堤入土壹」……捌尺，出土陆尺，外堤入土」……壹丈二尺，出土宽九尺。」

光绪己丑年三月初一日立。

**注释：**

    [1]   提督   提督，清代提督军务总兵官的简称，为地方的高级军事长官，从二品。

    [2]   军门   清代对"提督"（或总兵加提督衔者）的尊称。刘宝国虽为建昌总兵，但因其加了提督衔，故亦尊称其为军门。

    [3]   建昌总镇刘   总镇即总兵，清代的总兵为绿营兵正二品武官，掌理本镇军务。刘即清代建昌总兵刘廷彦，廷彦字宝国，汉阳人，因从征太平天国累功升建昌镇总兵。

    [4]   经历   清代各府所设"经历司经历"的简称，司收发上下文件之职。

**短评：**

    西昌明城墙始建于明洪武二十年，选址于唐嶲州土城的西北角，其北、西两墙沿用了唐嶲州土城的部分西、北墙。西昌明城墙初建时为土城，宣德年间外附以砖。发源于大凉山昭觉碗厂乡的东河从城东流过，常发洪水，冲毁城墙，故当地政府常筹款修建城墙。

85．培修城垣河堤碑

## 86. 邓邦福墓碑

**形制：** 圆首长方形

**尺寸：** 高140、宽70厘米。

**石质：** 红砂石

**年代：** 清光绪十八年（公元1892年）

**地点：** 碑原在西昌，现下落不明，拓片存凉山州博物馆。

**碑文：**

余叙此碑，甫拈笔即酸鼻者久之。婿九龄失怙，家赤贫，母孱弱，零丁孤苦，几无以」为生也。赖其母苦节立志，拼命自强，数年稍有所积，始受室。又数年始租佃耕作，」母苦于内，子劳于外，间则牵车牛远服贾。婿固朴实聪慧，颇获利益，使无磋跌，由」此而始有，而少有，而富有，亦不难矣。无何发匪[1]扰境，人马俱掳去，月余始逃归。呜」呼，人则归矣，室如悬磬也。乱离之后，何处称贷，噫，又几无以为生也。喘息数月，多」方钻研，仗亲提携，迁地为良。母子又从新苦作，汗滴禾下，何惮赤日当天，雪满锄」头，不顾冬风凛烈，所幸谋无不遂，财来如涌，非所谓天不昧苦心人耶。数年间东」成西就，因而治田庄，盈仓廪，由困得亨，宜乎寿而康矣。乃四旬有八毙于瘈犬[2]之毒，一子尚幼，乃父世春公早逝，母氏杨先二载而卒，呜呼，苦人所未苦，厄人所未」厄，原始要终，神伤心悸，此所以搁管而酸鼻也哉。

## 清英故显考邓公讳邦福之墓

邑庠愚叔乐周怀瑾题　孝男邓发□　祀

大清光绪十八年岁次壬辰孟春月廿二日　立

**注释：**

[1]　发匪　清政府对太平天国的蔑称。

[2]　瘈犬　疯狗。

**短评：**

　　清同治初年经过凉山的太平天国石达开部分为前后两个支部队，先是石达开部将赖裕新于同治元年十一月十一日从云南渡过金沙江，经披沙、洼乌、普格入西昌境，十二月十二日至西溪，二十四日后到河西、高草驻扎。同治二年正月九日，赖裕新拔队离西昌北上冕宁越小相岭入越西，同年农历二月在越西白沙沟遇清兵埋伏阵亡，余部在大树堡覆灭。后是石达开亲率大军二万余人，于同治二年二月二十八日从云南东川经今会东鲹鱼，渡金沙江循会理侧而北上，三月十四日至西昌河西，十五日夜驻扎樟木箐。十九日晨，石达开部军由拖琅沙坝入冕宁北上，至石棉紫打地全军覆灭。故在西昌、冕宁一带常发现记载太平天国军过境的碑刻，根据其时间可以分出碑刻记载的是赖裕新部还是石达开部。

## 87. 邓氏族谱排行序碑

**形制：** 圆首长方形
**尺寸：** 高175、宽72厘米。
**石质：** 青石
**年代：** 清光绪十八年（公元1892年）
**地点：** 现在冕宁文家屯邓氏振声祠
**碑文：**

族谱排行序

且夫谱之兴，由来旧矣。顾族何以有谱也，余详训诂而得谱之义焉。盖谱者，普也，谓」祖宗之德普遍后世，后之子孙，无不普同供俸也。抑又取义于言，则知言发乎迩，见」乎远。凡所以辨尊卑、序长幼，明先人之来历，启后人之知识者，悉由于此。虽然有宗」谱，尤赖有排行，而字排一节亦族中紧要事也。我氏族众人繁，有间隔数世而误改」祖宗排行者，有妄争高辈而偷改祖宗排行者，其实皆由于不谙谱法，不依排行之」故耳。夫前代尊讳，单双不一，今依世数序列，但从"维"、"逢"字起，编集至"绍"、"远"字，共四十」八代，愿后世子孙照字改取，庶免孙祖同名之弊，亦余之所厚望也。」

排行字音注于后。」

维逢光启，文学宗显。邦世敬敏，其发朝源。先以达遇，永锡师卿。」嘉修荣绪，定自道成。仁能志体，应汝昭明。树泽洪大，开国绍远。」

……在祠何人上坟，以何人是问，作为祠内常款。民国十九年二月祠长邓学治、邓宗乙立。（此段文字为民国十九年增刻上碑）

咸丰八年桂月朔日邑廪生卓夫氏南阳邓启超著。」

尽先副将裔孙邓洪贵及合族人等经立」

大清光绪十八年岁次壬辰秋八月廿吉日　之立也。

**短评：**

我国自古主要以宗法制度维持社会的稳定，宗法制度的特点是以血缘关系的远近来决定个人在该系统中的地位，故明确某人在血缘宗亲中所处的位置具有十分重要的社会意义。字辈排行是中国古代社会区分宗亲辈分的重要手段和方法，旧时的中国每一支宗族都有本宗族的字辈排行，解放后这种习俗才逐渐淡漠。

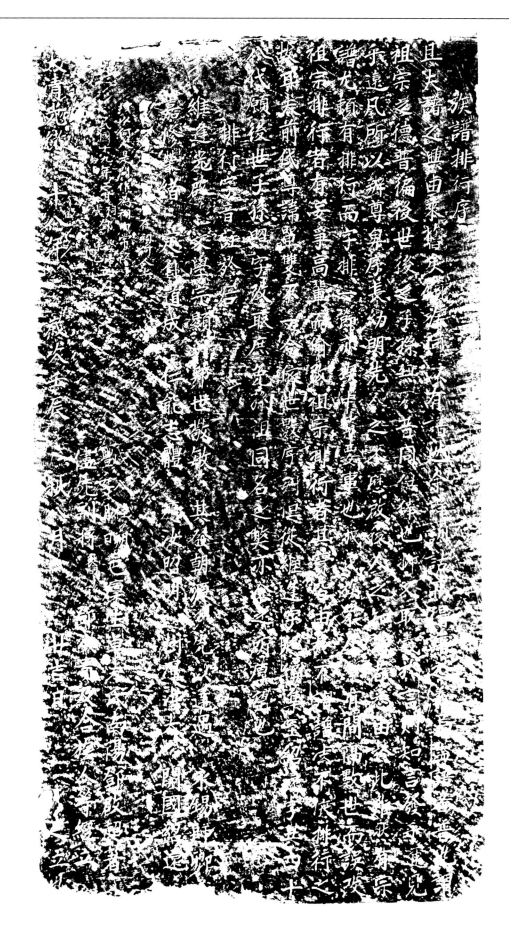

87.
邓氏族谱排行序碑

## 88. 邓氏族谱序碑

**形制：** 圆首长方形，碑额阴刻"垂裕后昆"四个大字。

**尺寸：** 高184、宽78厘米。

**石质：** 青石

**年代：** 清光绪十八年（公元1892年）

**地点：** 现在冕宁文家屯邓氏振声祠

**碑文：**

邓氏族谱序 始祖端一公，江西抚州府临川县马祠堂人，明宁河王邓穆顺讳愈[1]之」后也。昔王佐」高皇帝定天下有功，洪武三年庚戌冬十一月封卫国公。五年壬子领征南将军事讨湖南两」广，悉平之。十年丁巳领征西将军事击吐番，破之。冬十一月卒于京。」

帝念旧勋，追封宁河王，谥穆顺。我端一公袭爵卫国，旋以既产小儿不报获罪，国除。十二月」复沐」圣恩，录授指挥。十四年辛酉秋九月，以颖国公傅友德[2]为征南将军征云南，凉国公蓝玉[3]、西平」侯沐英[4]副之，公以指挥使从。十六年癸亥春三月，颖国公还，西平侯留镇，加公征」南副将军，进抚小云南，即今建昌宁远府。公携夫人郑氏及家将百余，周、吴、邓、王与焉。彼都底定，旋」移居青石桥，代管留守苏州邑，后改宁番卫，本朝改冕宁县，驻菩萨渡，在县城东门河外二三里。永乐四年秋七月，以成国公」朱能[5]为征夷将军征安南，调公助战。公携子松、兰、斩、恩四人往，失机落陷，还葬斯土。」旧本止此，以下续撰。后四祖之孙移居不一，或邓家湾、文家屯、沙沟营、泸宁营、石头坝、落石、河边、白象、」苏州坝、赵家湾等处，俱落业焉。但恐世远年湮，未知颠末，因建碑录籍为记。」

遇缺简放提督前署甘州提督现任陕甘督标中协奇臣巴图鲁裔孙邓全忠捐竖。」

龙飞光绪十八年　岁次壬辰　仲秋月　廿吉日谷旦。」

**注释：**

[1] 邓愈 明初功臣。随明太祖转战南北，军功卓著，封卫国公，洪武十年以征西将军偕沐英征吐蕃，俘斩万计，留兵戍诸要害乃还，道病，卒于寿春。《明史》有传。

[2] 傅友德 明初功臣，其先宿州人，多有军功，洪武十四年充征南将军率蓝玉、沐英将步骑三十万征云南，后论功封颖国公。洪武二十七年被赐死。《明史》有传。

[3] 蓝玉 定远人，明初功臣，以功封凉国公。洪武二十四年，建昌指挥月鲁帖木儿叛，率兵平叛，至则都瞿能等已大破其众，月鲁逃至柏兴州，蓝玉遣百户毛海诱擒月鲁父子，送京师伏诛，而尽降其众。后因居功"娇蹇自恣"被杀，连带被杀者达一万五千人，是为明初著名的"蓝玉案"。《明史》有传。

[4] 沐英 定远人，明初功臣，封西平侯。从傅友德、蓝玉征云南，在曲靖白石江大败元军，灭梁王，取大理，留驻云南，洪武二十五年卒于云南。《明史》有传。

[5] 朱能 怀远人，参加明成祖"靖王之难"有功，封成国公。永乐四年任征夷将军，率沐晟由广西、云南分道讨安南，卒于军。《明史》有传。

**短评：**

明初安宁河谷地区的移民经明清两世，人口繁衍，聚族而居，冕宁邓氏颇有代表意义，故收录此碑入集。

88・
邓氏族谱碑

邓氏族谱原叙

始祖讳一公，江西抚州临川孙冯祠堂公嗣甫河王孙勋……

高皇帝定天下身功洪武二年庚戌冬十一月封卫国公五年壬子领征南将军讨叛南夷……

帝念旧勋追封甯河王……顺征西将军重事出镇陕之念廿一服平……京报故罪谪戌……

息录校指挥十四年……酉秋九月奉敕封颖国公博有德为征南将军征云南凉国公监王西……

保沐英副在公以指挥使往十二年癸亥春二月颖国公边西平侯留顾……

南副将军进抚小云南遣夫人郑氏及家属百龄周吴邓王与冯……

毅居青石桥代管留守苏州邑……等萨渡永乐四年秋七月……

休能为征夷将军征安南调公助战公携松阑斩四公往……

后四祖之孙彼居不一载……但恐世远年运本……

苏州坝赵家……俱洛业为……

龙飞光绪二十八年……岁次壬辰仲秋月……

## 89. 孙镒林墓志

**形制：**长方形，两通。
**尺寸：**每通高38、宽133厘米。
**石质：**青石
**年代：**清光绪十九年（公元1893年）
**地点：**现在冕宁县城厢镇和尚冲
**碑文：**

镒林公大人墓志　邑增生契晚王开榜顿首拜撰」
从来位望不及阴功，严嵩、许叔不爽优劣，忠厚超迈铜臭，霍光、石崇自判低昂。窃叹」古今英雄豪杰大抵困于名利而已。当其欣于所遇，暂得于己，快然自足，曾不知老」之将至。及其所之既倦，情随事迁，感慨系之矣。况修短随化，终期于尽。古人云：死生」亦大矣，岂不痛哉。恭维镒林公大人者，原籍湖北黄州府黄岗县，克绍公之曾」孙，芝权公之兰孙，维奇公之令子也。溯厥由来，芝权公自湖迁蜀，落业成都」西道简州属三乂坝，王家大山义和乡四甲为公降诞之区。甫周秋，严父见背；十」有二年，慈母不禄。蒙二叔维有公抚公成立完婚。原配孺人李，三载云亡，续弦亦」李氏，相继而逝。公始到汉州学艺数年，又适云南，带领烟帮，东奔西窜，涉水登山，」不惮道途险阻，不畏风霜严寒，如水浮萍，靡所定处。洎至咸丰辛酉岁，公至冕邑。」交易不欺，和平自守，货殖追端木，经营学陶朱，于是娶刘氏，六载无嗣。公乃回简」朝祖，旋冕复娶李氏，广种福田，时行方便。更可嘉者，协同楚省诸公建竖禹王庙宇，」经理数载，一片公心，以故神天默佑，锡以麒麟，长曰怀礼，次曰怀德，均为克家令子。」然而怀德年方冲幼，抚与西昌本族承祧。迄今怀礼蠡斯衍庆，麟趾呈祥，自耕而食，」家道丰隆。畴不曰：公遗忠厚，子孙蕃昌，不其然乎。回忆公寿，生自道光□□□」丙戌，卒于光绪癸巳。其人已往，其型尚存，略叙生平，以志不朽，爰为之诗曰：」
若梦浮生似寡情，君身克绍祖风清。渡江创霸宗支远，教战振威世系明。
秀毓两湖云万里，仙游郡水月三更。古稀寿近骑鲸返，流得芳型百代荣。

**短评：**

　　"湖广填四川"是四川历史上重要的一次大规模移民，所谓"湖广"即清代的湖广省，即今湖北、湖南两省。墓碑载孙镒林之祖即来自湖北黄冈县，先迁至四川简州（今简阳），孙镒林本人又因经商辗转移居冕宁。

镒林公大人墓誌

古今英雄豪傑大振因於名利而已當其欣於一往来位望不及陰功嚴嵩許叔不爽優劣忠厚超邁銅臭薰光石崇自判低昂竊邑增生契曉王開榜頻省拜墾

所遇暫得於己快然自足曾不知老之一大矣豈不痛哉恭維鎰林公大人者原籍湖北黄州府黄岡縣克紹公之曾

况修短隨化終期於盡古人云死生王家大山義和鄉四甲為·公降誕之區南遷蜀落業成都父見背年

芝權公之蘭孫維奇公之令子也湖厥由來芝權公自湖遷蜀落業成都西道簡州屬三义壩有二年慈母不祿蒙二叔維有公撫

公始到漢州學藝數年又適雲南帶領煙帮東逐西竄涉水登山李氏相維而逝李三云亡繼経亦

公至咸豐辛酉歲泪至咸豐辛酉歲公逈處不畏風霜嚴寒如水浮萍廉尹定處不堪和平自守貨殖追端木經營學陶朱於是娶劉氏六歲無嗣

经理數載一片公心以故神天默佑錫以麒麟長曰懷禮次曰懷德均為克家令協同楚省諸公建暨禹王廟祖旋冤復娶李氏廣種福田時行方便更可嘉者

然而懷德幼撫與西昌本族桃迓今懷禮歔斯汀慶麟趾呈祥自科向公遺忠厚子孫蕃昌不其然乎廻憶公壽生自道光丙戌辛於光緒癸巳其人已往其型尚存略叙生平以誌采怖爰為之詩曰懷德均為克家令

家道豐隆疇不曰公壽生自道光若夢浮生似寡情君身克紹祖風清渡江劉霸宗支遠教戰振咸世系明秀鏡萬里仙遊郡水月三更古稱壽近騎鯨返留得芳型譽永垂

# 90. 岭承恩[1] 墓志

**形制：** 长方形，原有前后两通，现只存后面一通。

**尺寸：** 高130、宽80厘米。

**石质：** 青石

**年代：** 清光绪十九年（公元1893年）

**地点：** 原在甘洛县跑马坪，现存昭觉县文管所。

**碑文：**

（前文在另一通碑刻上）

胜千里之外，岂为臣立不世之奇勋，而圣主不隆非常之际，」赏加副将[2]职衔，土游击[3]之关防[4]，颁请盖基于此日矣。胡何凶夷□」死，故态复泯，大股出巢滋闹，焚毁民居，□掠商贾。嗣蒙贵州□」门周[5]统带全军进剿，吾祖亦为前队先锋，日不饱餐一顿，夜无」三更，勤劳极矣。同治九年善后办毕，功成告退，养性林泉。奈何」叔祖不禄，竟置民事于不问焉。嗟乎，民之无主，依赖何从。乃承□」催袭河东长官司[6]任事，不得已而就理焉。乐民之乐，忧民之忧，行」馈赏罚，惟公以荣。山川修阻，请训无从，惟望天假其年，□伸□，」愿聊报含饴之恩。讵料人□无不敝之精神，光绪辛卯秋中□□，」享年六十七岁，沉疴□起，忽骑鲸而赴诏焉。悲恸惨凄，□□□」遵国制，谨备衣棺掩殓，□念生长于斯，忍令魂栖异域，何以□。」仗姑母安岭氏仍将灵柩搬扶回署，未归窀穸[7]。情伤□□□」自矢，全节自尽，是山川清淑之气钟于吾门，欲不志焉，而不得□」佳城告竣之后，特辑数言，以志功勋于不朽云耳。

弟承勋承先 玉刚 率堂侄得礼禄 率头目（以下姓名，略）

昭阳大荒落律中林锺[8]朔四之吉立。

**注释：**

[1] 岭承恩　彝族，"燠带密土千户"土司。生于清道光四年，咸丰年间承袭"邛部宣抚司"之职，同治二年因参加攻打太平天国石达开有功，被清廷授予"建威将军"、"土游击"等官职与封号，同时又继承了"河东长官司"和"河西抚夷司"等职，为凉山彝族最大的土司，岭死于清光绪十七年。

[2] 副将　清代绿营兵设有"副将"一职，隶于总兵统理军务，从二品。

[3] 土游击　清代绿营兵设"游击"一职，位次于"参将"，位从三品武官，分领营兵。在四川、云南等省的土司官中设有"土游击"一职。

[4] 关防　清制，正规官用印为方形，称之为"印"，钤印用朱红印泥；临时派出之官用长方形印，称之为"防"，钤印用紫红色水，又称"紫花大印"。

[5] 周军门　即周达武，清同治年间贵州提督。同治七年，周达武受成都将军崇实派遣，从越西普雄和西昌锅盖梁分兵两路进攻凉山彝族，兵至昭觉、美姑。

[6] 河东长官司　清顺治十六年，明代土职安泰宁奉命缴销宣慰司印信，被清廷授以河西抚彝司及土千总之职。康熙二十八年，安泰子安承爵承袭。三十九年承爵殁，由其妇瞿氏护理。雍正十年，瞿氏女安凤英袭河西抚彝司职。乾隆十一年，清廷又授安凤英河东长官司。其后之世系如下：

安凤英——安嗣兴——岭瑞茂（安瑞茂）——安武龄（河西抚彝司）——安玉枝（河东长官司）——安平康（河西抚彝

司、河东长官司）——岭承恩——岭翰平——岭彭氏——岭镇荣——岭邦正。

[7]　窀穸　墓穴。

[8]　昭阳大荒落　即癸巳年，律中林锺即六月。根据墓志岭承恩死于光绪辛卯年，即光绪十七年，癸巳年即为光绪十九年。

**短评：**

　　岭承恩，凉山彝族著名土司，彝族名夫曲依日。其曾祖吽吽必色为"邛部宣抚司"土司，其后祖父必色呷呷又继承绝了后的阿日土司"煖带密土千户"之职。岭承恩最先承袭了"邛部宣抚司"之职，后又因参加镇压太平天国石达开部和多次参与朝廷对凉山的用兵，受清廷青睐，被授予二品顶戴，建威将军、土游击等职衔，并给予紫光阁绘像和亘勇巴图鲁的荣誉，又先后继承了"河东长官司"和"河西抚彝司"之职。其辖地东起昭觉，西至冕宁，南达金沙江，北止俄边、大渡河，是凉山最大的土司。因岭承恩曾兼任多位土司职衔，俗有"五印三司"的说法，所谓"五印"，即"河东长官司印"、"河西抚彝土千总之记"、"煖带密土游击官防"、"煖带密土游击北营关防"；"三司"则指"河东长官司"、"河西抚彝司"、"邛部宣抚司"。

90·岭承恩墓志

勝千里之外豈為□□□不世之奇勲而□聖王不□非常之際

賞加□特用□□□之□防頌禱基基於此日□□□幽□□

死故懲復浪大殿出巢滋□焚毀民居積□商賈嗣□貴州□□□

門同統帶全軍進勦吾人祖亦為前隊先鋒曰不飽飡一□□夜無□

三更勤勞極矣同治九年□□後辦異功成告退養性□泉何□□□

叔祖不祿□官司任事於不問為民善□□民之樂真□□之樂且平□神

催裳河東長公議以□山川修□誰□□□望又假□平□□

頗賞罰令飴之思詎料人□無不敢請之精神先□□後□□□

聊報□□沉疴起忽念生英於斯□□□□□□□

享年六十七歲□棺擁靈柩之氣同於吾門□□□□

□□□國制謹備禾仍□□□□歸庭□□□像□□

遵□□始是山川清淑□以承□□不□□□

何矢念節宜盡□□特解□數□□□□

□□告竣之後□□□冷□□□□

眼弓大荒姓律虫林□朔□之吉旦

## 91．孙肇辉墓碑

**形制：**长方形

**尺寸：**高145、宽71厘米。

**石质：**红砂石

**年代：**清光绪十九年（公元1893年）

**地点：**碑下落不明，拓片存凉山州博物馆。

**碑文：**

耀堂第乃福美公次子，鼎堂公之胞弟也。生性聪敏，勤学好问，识者目为玉树焉。应童」试[1]，数列前茅，惜屡战场屋，未获青衿，同道辄为扼腕然。弟尝曰："读书明理，岂为功名，」要在谨身慎行，孝亲睦族耳！"若非学养兼优者，曷克有此言哉。不幸宅近南河[2]，倏于」光绪辛卯夏，河水爆发，湮没者百余家，而弟夫妇子女亦与其祸，闻者莫不悼叹。幸」有胞弟立堂性敦孝友，矢志于诸子中择一以承嗣。谚云："弟有子，兄不孤"，弟亦可瞑」目于九泉矣。是为序。」

$\qquad$ 盐邑文生族兄孙肇源谨志

$\qquad$ 宁郡增生[3]契弟高联崧书丹

## 清乡谥英俊孙公肇辉之墓

$\quad$ 坐艮山坤向

$\quad$ 兼巳亥分金　胞弟肇勋　男、侄嗣俊、杰、荣、昌　同祀

光绪十九年岁次癸巳秋菊月望六日　立

**注释：**

[1]　童试　明清两代初级入学考试之称，其中包括县试、府试、院试三个阶段。考取者称为"生员"（即秀才）。

[2]　南河　即西昌东河，因从西昌老城南边流过，故又称南河。

[3]　增生　清代生员名目之一，即"增广生员"的简称。原意是在定额以外录取入府、州、县学的生员，地位次于属于定额内的"廪生"。

**短评：**

$\quad$ 此碑记载了清光绪十七年（公元1891年）夏天西昌南河爆发的一次水灾对房屋造成的损害和人员死亡情况，是具有一定价值的水文历史资料。

91·孙肇辉墓碑

# 92. 泸山光福寺[1]等四庙钱粮收支碑

**形制：** 长方形
**尺寸：** 高146、宽83厘米。
**石质：** 红砂石
**年代：** 光绪十九年（公元1893年）
**地点：** 碑下落不明，拓片存凉山州博物馆。
**碑文：**

建城泸山各殿均由僧道管理，历有年矣。因同治五年有光福寺、玉皇殿、五祖庵、斗母阁以糜烂私吞二 」相具控，蒙县主武公判委十团毓林会附近绅粮及房班轮流管理，惟斗母阁并未交出，故未经手。同治八年」县主姚公又将隐溪寺饬令一同管理，迄今廿余年，各殿田地重压者轻之，典出者赎之，庙宇朽坏者或新修或」补葺之功程甚钜，出入益多，虽接年报有账单而不勒诸贞珉，终无以昭久远，谨将同治五年起至光绪十三年八」月止，入出钱米账目垂列于后。」

光福寺收各佃租共来米肆千零玖拾箩零五升。又收乾折租共来钱柒百叁拾伍千陆百伍拾文。」玉皇殿收各佃租共来米叁千肆百贰拾箩零玖升半。又收乾折租共来钱捌百陆拾壹千贰百贰拾伍文。」五祖庵收各佃租共来米壹千肆百壹拾捌箩肆升。又收乾折租米共来钱捌百陆拾肆千零肆拾伍文。」隐溪寺收各佃租共来米伍百伍拾肆箩叁升半。又收乾折租夫来钱肆百零壹千柒百肆拾六文。」四庙各佃压头共来钱叁百贰拾玖千文。收各姓行息及卖树枝来钱壹百叁拾玖千捌百肆拾文。」四庙卖历年租米伍千贰百玖拾柒箩壹升，共来钱陆千柒百伍拾叁千壹百壹拾伍文。」

以上拾壹柱总共来米玖千肆百捌拾肆箩贰升，总共来钱壹万钏零零捌拾肆千陆百贰拾壹文。」光福寺常住去米壹千伍百壹拾叁箩贰升。同治七年培修宝莲宫去钱壹百陆拾叁千伍百柒拾伍文。」同治八年培修圣母殿海楼去钱柒百柒拾肆千零叁拾柒文。茅庵历年岁修去钱玖拾贰千零陆拾捌文。」十二年培修古佛楼去钱贰百捌拾肆千柒百肆拾文。历年岁修青油纸火杂项去钱伍百零壹千柒百零伍文。」光绪七、八年新修大雄殿去钱壹千捌百陆拾玖千叁百廿二文。取田捌硕去钱捌百陆拾玖千文。」十二、三年新修文昌宫魁楼去钱陆百玖拾伍千贰百肆拾柒文，尚未完工，俟后续修。」玉皇殿常住去米壹千贰百叁拾壹箩陆升。又常住折米去钱玖拾壹千陆百零柒文。」光绪十九年新修四圣殿海楼去钱柒百玖拾捌千玖百陆拾叁文。取田柒硕去钱玖百捌拾肆千肆百伍拾文。」上九会去米肆拾叁箩叁升。又去钱贰百柒拾玖千壹百肆拾文。」历年岁修攦河军需去钱叁百陆拾陆千柒百伍拾捌文。」五祖庵常住去米陆百肆拾伍箩陆升。历年岁修去钱壹百叁拾玖千柒百贰拾肆文。」隐溪寺常住去米肆百柒拾伍箩。历年岁修去钱壹百壹拾肆千捌百玖拾伍文。」

**注释：**

　　[1]　光福寺　西昌泸山著名佛寺，相传始建于唐太宗贞观十五年，原名大佛寺。明成化时，始受敕名光福寺，为佛教禅宗临济宗寺院。

**短评：**

　　旧时寺庙皆有庙田，庙田既是寺庙产业，出租田地收取租息是庙宇的重要收入之一，故历来为庙宇所重视，许多庙宇都将本庙田产及租息收支帐目刻碑竖立，以备年久遗忘或产业帐目不清。

建城泸山各殿均由僧道管理历存年矣因同治五年有光福寺、玉皇殿、五祖巷、斗母阁以糜烂私奉

县具控蒙县主武公判委十围硫林会附近绅粮及房班轮流管理惟斗母阁并未交出故未经手同治八年

相具姚公又将基址出入益令一全管理迄今廿余年各殿田地重赊者轻之典出故者赎之庙宇朽坏者或新修或

补葺之助程甚钜接年报有帐单而不勤诸顼珉终无以昭久远谨将同治五年起至光绪十三年

月止入出钱米帐目亚列于后

县主姚公入益多虽

玉皇宝殿寺收各佃祖共来米壹千肆百贰拾捌箩零肆升

玉皇殿寺收各佃祖共来米壹千伍百伍拾捌箩零玖升半

五祖巷寺收各佃祖共来米伍千贰拾肆箩零升半

西庙寺收各佃祖共来钱参百贰拾玖千文

西庙寺历年祖米军牛持寺以上拾壹柱总共来米玖千肆百捌拾肆箩贰升总共来钱壹万壹拾伍文

光福寺历年培修圣母殿去米壹千伍百壹拾叁箩贰升

培修古佛殿去钱壹百捌拾陆千玖百廿贰文

培修大雄殿去钱壹千叁百肆拾柒文

新修海楼去钱贰百柒拾肆千零肆拾文

新修丈昌阁魁楼去钱壹千壹百肆拾柒文

新修四圣殿海楼去钱叁百玖拾捌千玖百陆拾叁文

上九会去米肆拾叁箩叁升

五皇殿常住去米壹千贰百叁拾柒文

历年岁修揽河甲富去钱叁百陆拾陆千伍拾捌文

五祖巷常住去米肆百肆拾伍钱

隐溪寺常住去米陆百肆拾伍钱

又收折乾祖共来钱柒百叁拾伍千陆百伍拾文

又收折乾祖共来钱捌百陆拾壹千贰百伍拾伍文

又收折乾祖共来钱捌百陆拾壹千零肆拾壹文

又收姓行息及树枝青来钱壹百叁拾玖千捌百肆拾文

共来钱壹拾伍文

历年岁修茅巷去钱壹万钊零捌拾肆千陆百贰拾文

培修宝莲宫去钱壹百陆拾贰千零伍拾捌文

历年岁修火烛油纸去钱壹百零壹千零伍文

取田捌佃去钱玖拾壹千陆百零柒文

取田柒佃去钱玖百捌拾肆千壹百伍拾文

又去钱贰百柒拾肆文

常住拆米去钱玖拾壹千陆百零柒文

又常住拆米去钱玖拾壹千陆百零柒文

历年岁修去钱壹百零叁拾玖千柒百贰拾肆文

历年岁修基钱壹百壹拾壹千柒拾玖拾任文

## 93．黄金图墓碑

**形制：**上部残。

**尺寸：**残高110、宽103厘米。

**石质：**红砂石

**年代：**清光绪年间

**地点：**碑下落不明，拓片存凉山州博物馆。

**碑文：**

……章弟者，锦著公之子，文统公之孙也。生平至性善□□」……冒烽烟，自江南而赴江西，身经血战，既启处之不遑□□」……奋勇勤能，注册种种，干练有为，克复舒城者，业经奏报□」……宠不邀而恩来自冀北，洎乎凯歌归来，冷宦任去，领会盐」……以及盐井遭变[1]，卫城见危，弟佐镇宪登陴冲锋，缒城挫敌。全」……弟忠勇，奏赏三品花翎，尽先游府。弟之忠见而宦亦显，不昭昭」……间案牍劳形，悲风木于冷署，诚可惜矣。所喜膝下一男三女，孙辈森」……发达正未有艾也。勒之佳城，以志不朽。」

庚辰科进士即铨儒学正堂[2]
表兄李文敏
族弟黄　峻　顿首拜撰

……（武）翼都尉[3]黄金图墓

盐邑庠生契晚罗杰顿首拜赞并书

（以下子孙姓名，从略）祀

……午孟春月吉日谷旦

**注释：**

[1]　盐井遭变，卫城见危　清同治六年，云南大理杜文秀回民起义军姚小七率部千余人攻打盐源卫城，因建昌总兵刘保国督军坚守，环攻数日不下，土练乡兵续至助刘，起义军内部又发生矛盾，杜文秀命姚小七撤回云南。因杜文秀起义时在太平天国末期，故盐源民间称卫城之役为"长毛乱"。

[2]　儒学正堂　清代学官制度，府学设教授、训导各一人；州学设学正、训导各一人；县学设教谕、训导各一人。教授、学正、教谕负责对生员的思想品格的训导、成绩勤懒的考课，品行优劣的评定，各级训导为其佐官，协助主官工作，均听命于各省学政。因府学教授的官阶为正七品，故被称为儒学正堂。

[3]　武翼都尉　清代武官散阶从三品。

**短评：**

此碑记载了黄金图参加了同治六年卫城守城战，其时墓主黄金图应时当壮年，故其去世立碑时间大致应在光绪年间。

93. 黄金图墓碑

## 94. 禁土司干例碑

**形制：** 长条形，上方阴刻"建昌镇台"和"宁远府印"两方大印。
**尺寸：** 高184、宽44厘米。
**石质：** 红砂石
**年代：** 清光绪二十年（公元1894年）
**地点：** 碑原在普格县大水塘，现存凉山彝族奴隶社会博物馆。
**碑文：**

钦命头品顶带……军门四川建昌总镇都督府刘」
钦加二品顶带三品衔在任候补道特授四川宁远府正堂唐　为」
会衔出示刊碑永远禁革事，照得土司擅受民词，大干例禁。前因土司都镇江[1]等所辖地方，汉民往往以口角户婚田土细故勾通团首土目，」每赴土署[2]具控。该土司亦居然违例擅受，出差票唤，先索口案，次讲差钱，到案送堂礼银两名目甚多，一经涉讼，家倾产破，实为民间大害。前」经本镇、府出示严禁在案。兹闻此风仍未尽息，亟应再行示谕，刊碑永远禁革。为此示仰该处绅民及都镇江等一体知悉，嗣后汉民斗殴户」婚田土细故，如经邻佑团保亲族劝解不息，遵照定例即赴西昌县有司衙门控告，不准再往土署具告，都镇江亦不准违例再受民词，纵差虐搕，如违参究不贷。如遇夷人□抢抄杀汉民案件，只准事主具报土署拿办，该土司必须立派土差勒拿凶夷解部惩办，不准私自擅杀，」亦不准土差向事主勒索报口钱文，违即并行拿案重办，决不宽贷。并即刊碑永远禁革，一体凛遵毋违，特示。右谕通知。」
光绪二十年三月十四日　特授四川宁远府经政厅杨　监督首人等立。」
告示　实刊碑大水塘□谕。」

**注释：**

[1]　都镇江　阿都正长官司彝族土司。清顺治六年，阿都部酋长结固输诚，受封为阿都正长官司，建衙于青杠坪（今普格县耿底乡鱼水）。康熙四十九年升阿都宣抚司。雍正六年改土归流裁汰，不久又复置阿都正长官司。都镇江为阿都长官司第六代土司。

复有阿都副长官司。清雍正六年，女土职赊唎输诚，始受此职。赊唎无子，抚内侄女安玉桂为女，袭替母职。玉桂亦无子，以安绪宁嫡子都显贵袭职，由是阿都正副长官司俱以都氏世袭。阿都副长官司建衙于木托石嘴（今西昌大兴乡境）。

阿都正长官司世系：结固（又作聚姑）——都建邦——都泰凝——都显贵——都天锡——都镇国——都龙光——都定臣——都镇江

[2]　土署　即土司衙门。

**短评：**

阿都长官司为凉山彝族四大土司之一，其管地"东至阿路一百六十里交沙骂宣抚司界，南至抵古一百二十里交会理州属披沙土目界，西至拖布河一百二十里交河东正长官司界，北至马雄一百二十里交阿都副长官司界，四至共五百二十里。所管苗蛮夷共四万户。"（见嘉庆《四川通志》）

为了削弱土司的势力，加强中央王朝对少数民族地区的统治和管理，清代从雍正年间开始推行"改土归流"的政策。《清史稿·岳钟琪传》载："（雍正）六年，疏请以建昌属河西、宁番两土司及阿都、阿史、纽结、歪溪诸地改土归流，河东宣慰司以其地之半改隶流官，升建昌为府，领三县，并厘定营汛职制，及善后诸事。下部议，如所请。定新设府曰宁远，县曰西昌、冕宁、盐源。"阿都长官司属于改土归流的对象。但土司们不甘于自己的权力被剥夺，常常做一些违例之事。如本碑刻所记载的"汉民往往以口角户婚田土细故，勾通团首土目，每赴土署具控。该土司亦居然违例擅受。"即是一例。为此官府专门出示禁止，反映了官府与土司在控制地方权力上的角力。

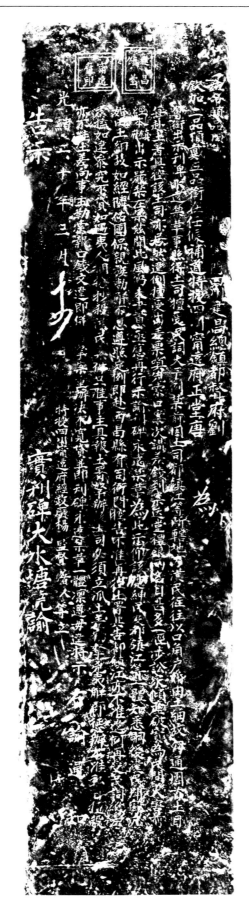

94・禁土司干例碑

# 95. 分割柴山碑

**形制:** 长方形
**尺寸:** 高145、宽75厘米。
**石质:** 青石
**年代:** 清光绪二十二年(公元1896年)
**地点:** 碑现在冕宁县文家屯觉华寺
**碑文:**

……冕宁县事补用县正堂加五级记录十次记大功十二次 吴为」
……守事案。据该乡正四甲文家屯、魏官营职员邓洪贵、邓启奎、文生赵万先、」 ……粮民曹兴云、谢永中、陈源彪、王及先等与又四甲吴海、蜡拉白、监生[1]宋成玉等控」争柴山一案,讼经数载,旋结旋翻。迨至光绪十八年,经林前县亲诣勘明,以该两处从前」本系一甲,后因烟户过多,分为二甲。地既区分,山宜剖得,如果一甲独占,则彼甲人户岂不断」绝炊薪耶,势必相争,讼何能已。当即详察树木多寡,作为十成,断令二八成分占。由大山顶齐」子梁分界,北首二成为正四甲居民柴山,南首八成归又四甲居民砍伐,以后各伐各界柴薪,」均不准侵越。详奉前府宪唐提卷核明,旋奉札饬,以所断尚属平允,令即判明定案,各予分」界处所窖立界碑,并将断案勒石在于两堡之大庙、关帝庙两处,以垂久远。取结详覆,从今定」案,以后不论何甲复控,俱立案不行等因行县遵办在案。兹经传禁两造,仍照原断讯取切结」备案。乃又四甲宋成玉等延不具结,实属有意抗违。查原断甚为平允,无可更移,如再复控,应」立案不行。除饬两造[2]于分界处所窖立界碑以资遵守外,合行录案勒石示谕。为此示,仰正四」甲文家屯、又四甲吴海各堡居民人等知悉。自此次定案之后,务宜遵守界限,各伐各界柴薪。」无论何甲树株多寡,概不得觊觎越砍及捏词侵占,致干重究,其各凛遵毋违,特示。」

  右谕通知。」  合甲众姓人等遵□。」
光绪二十二年六月二十四日
  实立文家屯大庙晓谕
告示

**注释:**
  [1] 监生 清代一般指由捐纳取得资格,不经过府、州、县学应试乡试而取得出身的生员。捐纳得官者,必须先捐"监生"作为出身。
  [2] 两造 旧时称打官司的原、被告双方。

**短评:**
  民间常因经济权益产生矛盾,田地、塘陂、房屋、山林是最容易发生纷争的方面,一般最后的解决需要官府出面裁定,故这类碑刻在民间较为多见,解决民间经济权益纠纷也是清代地方政权的职能之一。

95.
分割柴山碑

## 96. 香城书院膏火碑

**形制**：长方形
**尺寸**：高130、宽65厘米。
**石质**：红砂石
**年代**：清光绪二十二年以后（公元1896年以后）
**地点**：碑现在西昌市佑君镇小学（原香城书院）
**碑文**：

从来人材之兴，由于裁成者半，由于激励者亦半。我香城书院为阖邑人材作育之地，自同治壬戌惨遭发逆」蹂躏，文教久搁，人材中衰。幸一时间同人协力维持，贤宰因而栽培，善人为之捐助，由是田产渐增，取资较便，十」余年间，延师主讲，始而季课，继而月课，其于裁成之道庶乎近矣。独惜奖赏有资而膏伙无定，激励之方未免」阙如。近来人文辈出，多士叠生，是我邑人材振兴之一会也。爰集同人共襄美举，为住院肄业诸生创定膏伙」捌名，以开激励之端而辅裁成之道，非必谓书院激励之资即止于是而已也。将来人材日新而月盛，膏伙亦」继长而增高，是则我同人之厚望也夫。用将膏伙规条及贤宰栽培德政、善人捐助功德刊列于左，以垂不朽云。」
一　光绪六年陈时智典马庆云水田伍石柒斗，因控正县，县主晓舫杨公劝陈时智将典价白银贰百两、」铜钱叁百伍拾钏捐入香城书院，由书院给清旧佃压租铜钱柒拾千，退田贰石伍斗，交马庆云酹赏别债」。至光绪廿一年央马履芳、杨育仁耽承捐田入香城书院，实领去奖赏铜钱壹百文贰拾钏，载明捨白。其田坐落大庄」，其一贰石肆斗，大小捌丘，东南至本宅田，西至柳姓田，北至镇辕官田。其一捌斗，大小陆丘，东至张姓田，南至」沈姓漕子沟，西至柳姓田，北至本田。随载大庄所马执忠即沙耀德、杨玉、刘时扬原粮乙斗六升、六升、乙斗，贾文康即贾文俊原粮叁斗六升七合七勺。」一光绪廿二年陈上达兄弟等捐助书院退佃钱七十千文。一光绪六年赵学勤捐功德钱肆拾千文。」一同治拾一年张峥峒捐来典价钱捌拾千。至光绪廿一年田主杨隆枝同男如息甘愿捨田入院，领去奖赏钱拾六千，其田坐落油房沟，东至寨子沟，南至洪姓田埂，西至放水小沟，直下大河，北至上齐大河，下横抵寨子沟，随载张连登即赵英凡原粮贰斗。」一膏火原以助住院诸生焚膏灯火之费，惟住院者得与焉。一膏火定额每名给制钱八百文。一膏火原为」激励而设，必月课名列榜前者，方能挨次发给。一膏火以每岁二月开课始，十一月收课止，其正月收录□」院，尚未住院，故不享及。一膏火虽定自月课，尤必准以师课旷功二次者，即将月课应领之分罚于□□□」，而不旷之生即有紧急耽延亦须请假□□。一膏火由值年斋长于月课发落时亲诣讲堂会同山长族□」发□，以示鼓励。一膏火以后月发落之期方发前月应领之分，如二月□□应领者，俟三月发落。□□□」□即此类推。一膏火原以激励而辅裁成，该生既食膏火，即不得假借□院在外耽延，有□事规。一膏火□」□而奖，□□加。如诸生激励生□而月课共赏，尤必因材而笃断，不负焚膏继晷三更灯火之功。一□□□」为外庠而□□□」庠有遵条，住院者每名月给钱一千文。

**短评**：

此碑未刻镌刻时日，根据碑文所载诸人赞助书院田亩条，最后一年为光绪二十二年，此碑应镌于当年或以后。碑文内容主要为"膏火规条"和"捐助功德"两部分。当时书院经费的来源主要来自捐助田产所收租谷和捐助的现钱；"膏火规条"则对书院膏火的发放制定了详尽的规章，由此可见当时书院管理制度的一般。

## 96·香城书院膏火碑

从来人材之兴由於裁成者半由於激励者亦半由於裁成者志在我香城书院岛邑人材作育之地自同治壬戌懷遠逢送
餘年開延師主講始而至讓課其朱裁成之道在乎近人關惜捨貲而膏伙無定激勵之方未免
蹤躍不前久棡人材中衰辛一時同人協力維持賢筆而成由是田產漸增取資較便十
闢名以開激勵之端而輔裁成之道非必謂書院激勵之資即此永暑而已也將求人材日新而月盛膏伙亦
緣長而增高是則我同人之厚望也大用將膏伙規條及賢宰裁培德政善人捐助陳時客將典價白銀貳伯兩
銅錢叁伯伍拾銅捐入香城書院給清蓄佃歷祖銅致幷拾仟逐田貳石亥馬慶雲酬價別價
一光緒六年陳時智典馬慶雲水田伍石朵斗因捱正縣主晚坊楊公勤陳時客捐助功德列列於笠以垂不朽
一光緒六年陳時智典馬慶雲水田伍石朵斗因捱正縣主
至先緒卅一年共鴨育仁芳承捐由入香城粵院實領去獎賞銅戔伯貳銅戔明拍白其田坐落大庄
其一貳石肆斗大小捌近南至本庄由西至柳姓田北至銀穀官田其一捌斗大小陸近東至承姓田南至
沈姓漕于溝西至柳姓由比至禾田隨戴大庄所馬就忠邵湖賢文康邵貫文俊原糧
一同治十一年張嶼峒捐來典價錢捌拾仟一光緒六年趙崇勤功德錢肆拾仟文
一光緒廿二年陳上造光緒十年趙崇勤功德錢肆拾仟文

# 97. 邛海水利碑

**形制：** 长方形

**尺寸：** 高194、宽99厘米。

**石质：** 红砂石

**年代：** 清光绪二十三年（公元1897年）

**地点：** 现存凉山州博物馆

**碑文：**

堪胜提督镇守建昌等处总镇都督府胜勇巴图鲁[1] 闪」

升任陕西陕安道前署宁远府正堂恩」

盐运使[2] 衔署宁远府正堂特授嘉定府正堂雷」

同知衔特授宁远府西昌县正堂胡」

为垂示永遵行事。照得宁郡水患为近数十年切肤之灾，守土者莫不目赌心忧，多方拯救而卒莫能挽者，未了然于地势之所宜，」而上下段之人心又复胶于利己，而不知利害之相因而不能偏胜也。譬之人身，大凉山[3] 其首也；来源出山处，咽喉也；东西河[4]，左右」手也；郡城，其心也；邛海[5]，其腹也；泸山[6] 至袁家山[7]，其脊也；大湾，其尻也；尔勿坝[8]，膀胱也；各山汇流，百派也；海河[9]，小肠经也。今邛海沈浸」至百里，水盛腹胀也；山口乱石，不利于喉也；东西河淤垫日高，则两手肿腿也。欲除病根，非大宣泻于尻而兼通小肠膀胱不可。今」尔勿坝为七星堰引水灌碾，计闭膀胱使不通。而所谓宣洩于尻者，又力不及，犹有待无惑乎。其浸淫四肢，腹心并患矣。尔七星堰」人，但知下石填坝引水入沟之利，而不知洪流力猛，遏之则激，而之他势，必由鲁溪低□处别开水道，乱刷民田，直入安宁大河。如」是则七星堰水尽涸无涓滴利，而鲁溪[10] 亦均受其害。盖闭膀胱则郁毒别穿，痈疽流注也。夫治水盛，但利小肠，已属急则治标之末」枝，奈何。兼此膀胱而亦闭之，其为害可胜言哉。今与尔七星堰人约，准于新开河立石桩三，堰沟需水则编竹填草，依桩回水以灌」沟，大水至则去竹草使水得畅流，不至冲决沟路，别刷水道。昔汉太守李冰治成都都江堰，曰"深淘滩，低作堰"六字，垂为令则，成都」民永食其利。今师其意，亦为六字，曰"深淘沟，勿筑坝"，盖沟路壅塞则宜深淘，而砌石填坝则万万不可也。顾名思义，尔勿□者，原欲」尔永勿筑坝，使水得畅行也。人之一身一节，病则全体不安，断未有上下段各存意见，亦犹复推害于膀胱，膀胱复阻滞之以害腹，」而斯人犹得宴然无恙者也。东西河已一律深挖，岁终复决去山口乱石，则上焦通利，海河已疏导畅流，则直须尔等勿下石填坝」，小肠竟可宣通。俟有余力，蓄资开大湾而水可□泄，则周身无病，脉络滋荣，害去而利兴焉。其有故违此示，私自下石筑坝者，重治」之勿贷，合行会衔出示永禁，其各懔遵勿违，特示。

      右谕通知

光绪二十三年六月二十日　立

    告示

**注释：**

[1]　胜勇巴图鲁　清朝赐给作战有功官员的汉字勇号。

[2]　盐运使　清代在全国重要的产盐区（如两浙、两淮等地）各设有"都转盐运使司"，其长官为"盐运使"，

一般又称其"都转"或"盐政"。

[3]　大凉山　一般泛指金沙江西北，大渡河以南，安宁河以东的一系列山地，总面积25000平方公里，整个山体属于扬子台褶带凉山陷褶束和美姑—金阳陷褶束。大凉山是我国彝族最大的聚居区。

[4]　东西河　东河因位于西昌城东而得名，发源于昭觉县碗厂乡坡纠拉达，在西昌张家屯村注入海河，全长约42公里，旧名芦林沟、怀远河；因流经明清西昌城的东门和南门，故又名东门河、南门河。西河因位于西昌城西而得名，发源于喜德县西河乡，在西昌长安村与南安河汇合后注入海河，全长约31公里。旧名宁远河。

[5]　邛海　位于西昌市南2公里，属典型的高原构造湖泊，面积约30平方公里，是四川省的第二大淡水湖，平均水深14米，湖面海拔1510米。

[6]　泸山　位于西昌市南约6公里，东临邛海，西濒安宁河，属于螺髻山西北的一条支脉，主脉南北走向，有西和西北两个分支，总面积65.5平方公里，主峰纱帽峰海拔高度3217.5米。

[7]　袁家山　西昌泸山西部的一条支脉。

[8]　尔勿坝　位于西昌市东约12公里，现名耳乌坝，似为彝语地名。据此碑文，实则为汉语地名，所谓"尔勿"，即劝"尔等勿筑坝"的意思。

[9]　海河　邛海的出水河，位于邛海西，沿泸山山脚西流，汇合东、西两河后在沙坝附近注入安宁河，全长14公里。

[10]　鲁溪　位于海河下游，海河流经此地入安宁河，位于西昌市西约5公里。

**短评：**

碑文用人体比喻邛海水系，贴切生动，并根据邛海水系和水害的特点，模仿都江堰"深淘滩，低作堰"六字治水法则，总结出"深淘沟，勿筑坝"的治理邛海水系的法则，不失为一篇治水佳作。

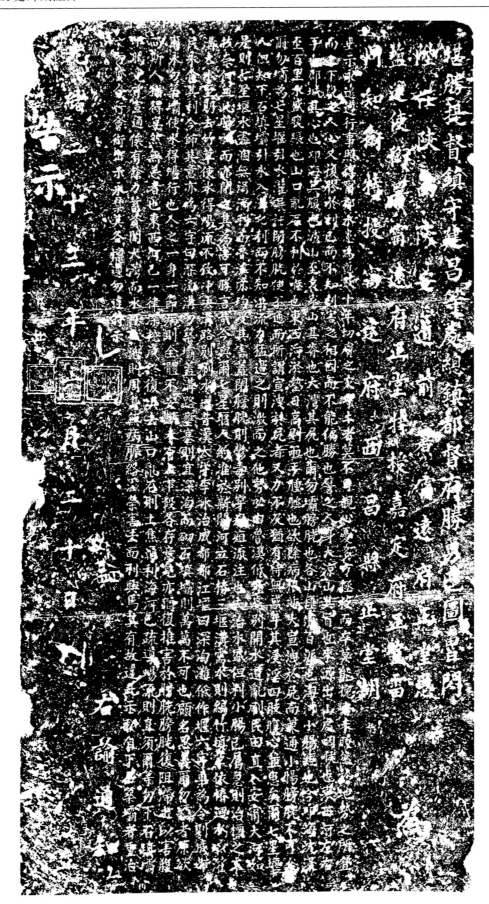

## 98. 李君用义渡碑

**形制：** 长条形，三面镌刻文字。
**尺寸：** 高123、每面宽22厘米。
**石质：** 红砂石
**年代：** 清光绪三十年（公元1904年）
**地点：** 碑现在冕宁县漫水湾黄土坡
**碑文：**

### 碑阳

祖先 李君用义渡永远不取分文

### 碑侧

（刻阁族弟、子姓名，略）同立

### 碑阴

光绪三十年岁次甲辰 仲夏 朔立

**短评：**

铺路、造桥是旧时民间认为最建功德之事，无偿渡人过河被称为"义渡"，也是一件大功德事，虽然行此类善事之人，大多有修下世善果的迷信思想，也有部分钓名沽誉之徒混杂其中，但客观上还是为当时的社会提供了部分社会公益设施，是值得肯定的。

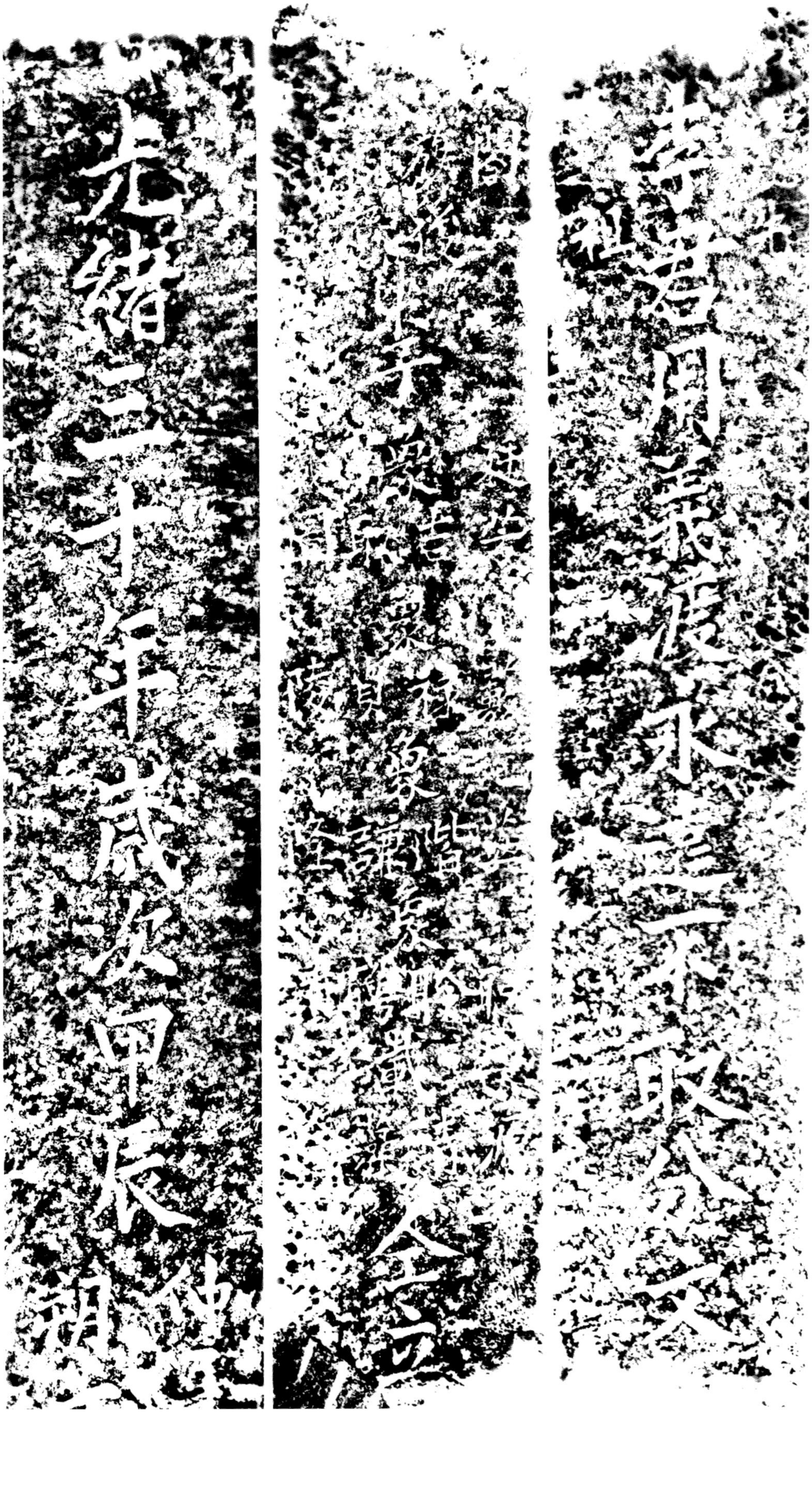


98·李君用义渡碑

# 99．茨达河场晓谕碑

**形制：** 长方形

**尺寸：** 高164、宽90厘米。

**石质：** 青砂石

**年代：** 清光绪三十一年（公元1905年）

**地点：** 原在德昌县茨达乡老街，现存德昌县文管所。

**碑文：**

钦加五品顶戴署理宁远府西昌县事即补县正堂加五级记录十次记大功四次周为 出示晓谕事」

照得宽元顶一带夷务，去年经雷前任亲往办妥，订立条规，责成各夷目守哨保护，原应永远遵守，近闻各支夷目因地段不明，意存推诿。设不详定条规，各专责成，诚恐日久懈生，」地方复遭蹂躏。兹将宽元顶、茨达河、麻栗坪一带地方，划清里数，分设八哨，某哨由某支夷目保路，过路客商，收取哨钱若干。设遇失事，责令夷目赔赃，各情分列十条，详载于后，除分」别札饬各夷目按照地段认真看路外，合行晓谕，为此示。仰该处团保士绅、汉夷民人、经过客商人等，一体知悉。凡过客货挑，应纳哨钱，务遵此示所定数目，如数付给，不得悭吝竞争。」收钱者不得格外多索，夷目分段看哨不得推诿。总期汉夷相安，彼此均不可挟嫌诬害。汉人多事，本县必执法严惩；夷人抗违，现驻防□二营随时必派队剿办。仰各遵照，不得玩误。」或将此示刊碑一通，更足永资遵守。切切勿违，特示。遵」

　　计开分段设哨收取哨钱章程十条」

一宽元顶由邝家湾、元宝山至茨达河此二十五里中设哨二道，一立在邝家湾，一立在元宝山，责成罗李二支夷目看守保护，此处路近，分作两哨，仍照一哨章程划半分收。」

一茨达河场由万年沟至会属丫口街，此四十里中设哨二道。一在杜家老林，一在仿山梁子。责成鄮何二支夷目看守保护。」

一茨达河场由偏岩磨房沟至麻栗坪，此十五里中设哨一道，立在磨房沟，责成钱窝子李夷、光头坡马夷看守保护。」

一麻栗坪由大店子至普济州，此四十里中设哨一道，立在大店子，责成三锅庄何夷、二坪子李夷等看守保护。」

一麻栗坪至三披汛，此四十里中设哨一道，立在三锅庄梁子，亦责成三锅庄何夷看守保护。」

一茨达河场由丹桂乡至大小鹿槽丫口公哨，此二十里中设哨一道，立在大鹿槽丫口，责成大山李夷等看守保护。」

一夷目看哨应各给以哨钱，由夷目派妥人在各哨口照章抽取。除本境邻封熟人不取分文，空手行走不取分文外，凡过往客商货物壹挑取钱拾文，背篼取钱四文，蜡虫满挑取钱」陆拾文，半挑取钱叁拾文，虫背子取钱拾贰文，提筐取钱陆文，贩牛马者每只取钱拾伍文，贩猪羊者每只取钱伍文，大纸壹挑取钱陆文以外，不准格外需索。」

一各夷目既有地段分专责成，又有哨钱俾资津贴，务须各照地段认真派人随时看守，若有疏虞被抢情事，何地出事，即惟何哨夷目照赃赔还，不准推诿。如登时清还原赃自不再」赔，事主亦宜实说，不得已少报多，查出照例坐诬。」

一各哨地段乡居百姓、各该夷目平日严束家娃，不准串弊抢劫，捆搕骚扰，违即由夷目自行重处，夷目袒护照例严究不贷。」

— 各路收取哨钱，无论汉夷民人，一律照此示之数付给，不得估抗偷漏，经收之人亦不得任意妄加，以及吓诈乡愚，留难过客，违均重究不贷。」

   右谕通知

光绪三十一年十二月十三日   实贴茨达河晓谕勿损」

告示

**短评：**

  茨达河为安宁河西岸的一条支流，发源于牦牛山南段东坡，在德昌五一乡郭家湾汇入安宁河。从德昌德州镇沿茨达河西岸向上而行，有道可通米易县的普威（清代之普济州），乃旧时德昌境内的一条交通大道。凉山的德昌一带为彝汉杂居之地，彝族家支众多，与各彝族家支协商，共同制定分段保护道路交通安全的措施，在当时不失为一种有效的办法。

99.
茨达河场晓喻碑

# 100. 张斌墓志

**形制**：长方形。

**尺寸**：高120、宽70厘米。

**石质**：青石

**年代**：清光绪三十二年（公元1906年）

**地点**：现在冕宁县先锋乡双河村

**碑文**：

祖斌公大人者，荫祖之父也，湖广常德黄州府麻城县孝感」乡人氏。明初进士，职授总兵。洪武二拾五年，随蓝玉统兵进」建，征剿小云[1]。同来之人，若钟、陈、王、贡、关、庄、马、槿、姚、闻、赵、杨、周等」皆其部属也。贼平之后，插草为界，择土安居。公羡梳妆台[2]之秀，胆山[3]之灵，筑室于兹。公前之祇远而难考，公后之绪洵有可」取。迄今五百有余岁，代延十七，子孙振振，远徙者难知，现住西」冕者不下六七百家。其间虽无大功名，而从四世祖以至于今，」县正堂鸿升，武孝廉[4]鹏汉，以及廪生[5]、贡生、文庠[6]、武庠[7]代代皆有，」此非公之深仁厚泽，能若是之繁昌欤！钰生也晚，太公之嘉言」懿行亦不得而述，无非陈其略而已。今有裔孙鹏汉、璧光、」鹏翼、发明等，将祖宗之余款苦心存积，除培祠添修、血食而」外，又将公之佳城焕然而一新也。嘱钰作志，钰不敢妄拟浮烟，」特叙始末，以垂不朽云。」

      署理冕宁县正堂、后裔张元钰撰，远孙张鹏南书。」

大清光绪卅二年丙午岁季冬月朔四榖旦

**注释**：

    [1]    小云  当为"小云南"之误，西昌一带，气候温和，与云南昆明相似，故有"小云南"之称。

    [2]    梳妆台  传为东汉鲍四娘临水梳妆之故址，在今冕宁县南泸沽镇。

    [3]    胆山  今冕宁之南山。

    [4]    武孝廉  即武举人，孝廉，汉代选拔人才的科目之一，清时复古风盛，常冠以官员古官名，因举人与孝廉略有相似之处，便雅称"举人"为"孝廉"。明清两代科举皆有武科，武科与文士的考试对等，从童生、秀才、举人、进士、状元等名称均相同，只加"武"字以示区别。清代的"武生员（即武秀才）"的考试由学政主持，"武举人"以上则由督抚为考官。武科分内、外两场，外场考武功，主要是弓马；内场考文辞，但渐成虚文。

    [5]    廪生  生员名目之一，"廪膳生员"的简称。明清时期府、州、县学的生员最初都给廪膳，作为生活补助。以后，须经岁、科考试列入优等者，方能取得"廪生名义。据清人何东铭咸丰年间所撰《邛嶲野录卷三十二  赋役类·经费》载，清代宁远府及府属西昌县、会理州、冕宁县、盐源县、越嶲厅的廪生每人每年发给"饩银"三两二钱，如逢闰年每人各加银二钱六分六厘六丝六忽六微六尘四纤。

    [6]    文庠  古时之庠即学校，明清时期学校常与孔庙同处，又称学宫，是生员们学习的地方，文庠借指文秀才。

    [7]    武庠  即武秀才。

**短评**：

    明代安宁河谷是重要移民屯田之地，当时的屯田分为民屯、军屯、商屯、谪屯四大类，此碑详载了明初带兵官率其部属"插草为界，择土安居"的军屯情况。此碑为墓志铭，另有墓碑一通，碑文为"皇清例赠明宦始祖张公讳斌老大人佳城"，落款为"大清光绪卅二年丙午岁季冬月朔四谷旦"。

100·张斌墓志

祖诚公大令者荫祖之父也湖广常德黄州麻城县孝感
人氏明初进士职授总兵洪武三拾五年陞盐兵雄
征剿小云南来之人若钟陈玉贡阁庄马楗姚闻赵杨阎等
吏部属也贼平之后择件为界择土安居郤羡梳政台吏
胶山之雾梁室于苏公前之派远而难发公后之绪洵胃可
者不下兴七百家其间虽无太功名而从四世祖以至于今
乱今五百青余岁代延十七子孙振与远徙从者难知现任西省有
正堂鸿陞武孝廉鹏汉吕及懔生贡生文库武库代武省有
此诽公之深仁厚泽继若是之繁昌数钰生也晚太公之嘉言
者亦莱得而述无死陈其墓而已冷有为乔孙鹏汉璧光而
翼一簥明荣将祖宗之绪叙若毕心行积除害祠添修血食而
为子孙处将公之徙城煌然而一新也嘱钰作志钰不敢妄接滚烟
外处将公之徙城煌然而一新也嘱钰作志钰不敢妄接滚烟
孙叙始末以终生不朽云

署冕县正堂　张光钰撰　远孙　张鹏翔书

# 101. 罗氏墓志

**形制：** 长方形

**尺寸：** 高133、宽66厘米。

**石质：** 红砂石

**年代：** 清光绪末年

**地点：** 碑下落不明，拓片存凉山州博物馆。

**碑文：**

自来贤妃淑女，尚德而不尚才；哲妇名媛，言才而不言德。而欲于闺秀中求一才德兼优者，往往难之。如」吾表嫂，其庶几乎。表嫂孺人，系出罗国元公之次女，余表兄灼然公之原配也。赋性精明，善气迎人，」年十五来归表兄。其工女红，勤家政，善事尊章，亲操井臼，此妇道之所应尔者。惟相夫虽以顺为正，未尝」不辅之以义。表兄年少，行鲜范围。吾舅母之庭训也维严，孺人则潜扶默助，劝勉无形，必俟愧悔而后」已。顾安常尚其易，能而处变尤为难得。同治初，表兄学参商政，出外壮游。旋梓突遭猓夷为害，虏入穴巢。」孺人呼天吁地，多方调停，央戚输将，叠遭虏掠，尔时之况，惨不可言矣。幸而吉人天眷，卒使两全而无」害，迫易忧为乐。孺人第以颐养期之。男婚女配，家务巨细，孺人身任，不使有以劳。吾表兄者，其才庸」可及乎。频年来持斋礼佛，乐善好施，解衣衣而推食食，助资庙宇，捐修桥路，种种善举更仆难终其盛德」有如此者。阶前桂子缤纷，兰芽勃发，振绳发祥有基矣。其将来之蔚起，讵有艾欤。

西昌县学增生表弟张沛霖顿首拜撰

《毛诗》云："母氏劳苦"。若吾姑母，尤为苦中之苦也。方其适豪门、得佳婿、遇贤姑，凡妇职所应为者，姑母」无不竭力为之，不可谓非人生之一乐事也。□时运不齐，命途多舛，晚景之磨折，苦不堪言。他人处此，鲜」不万事心灰矣。姑母以七旬之衰迈，仍受一家之责成，修祖墓、守祖业，日夜焚香，朝夕礼拜。心固有苦」中之苦，而亦有乐中之乐，即人亦实为人上之人也。璧以姑侄之亲，率尔秉笔，不知所云。

宁远府学增生[1]胞侄罗璧顿首拜撰

西昌县学增生契晚陈光前沐手敬书

**注释：**

[1] 增生　生员名目之一，"增广生员"的简称，原意是在定额以外录取的府、州、县学的生员。

**短评：**

据碑文所载，墓主罗氏年十五出嫁，享年七旬，其间同治初年其夫"学参商政"被彝族奴隶主掠为奴，其时罗氏年龄约在二十余，其七旬去世，则去世时间大约应在清光绪末年。

凉山彝族在上世纪50年代初凉山开展民主改革以前，长期处在奴隶社会阶段，奴隶主常俘掠周邻民族为奴，特别是清代同治光绪年间，为害甚厉，邻近大凉山的汉区民人商贾多有被掠为奴者，该碑是记录这种情况的实物资料。

101·罗氏墓志

自来賢妃淑女尚德而不尚才哲婦名媛言才而不言德而歊於閨秀中求一才德兼優者往往難之如

吾表嫂其庶幾乎表嫂孺人兼出羅國元公之次女余表兄灼然公之願配也賦性精明善氣迎人

年十五來歸表兄士女紅勤家政善事章親操井臼此婦道之盰應爾者惟相夫難呂順為正未嘗

不輔之呂義表兄必行鮮範圍吾舅母之庭訓也維嚴呂人則潛扶默勸勉無形必俟悔悟而後

已顧安常尚其能變尤為難得同治初表兄學參商政出外壯遊旋梓突遭猓夷為害虜入穴業

孺人呼天籲地多方調停央戚輸將登虜掠爾時之況慘不可言矣幸而吉人天春卒使雨全而無

害追易為樂孺人弟呂頤養期之男婚女配家務巨細燎不使有呂勞吾表兄者其亦庸

乎頻年來持齋禮佛樂善好施解衣推食賞廟宇捐修橋路種善舉更佽弗終其感德

有如此者塔前桂子繽紛崩弟勃發振繩發祥有基矣其將來之蔚趄訐有攸歟

西昌縣學增生表弟張沛霖頓首拜撰

毛詩云母氏勞苦若吾　姑母尤為苦中之苦也方其遭家門得佳壻遇賢姑凡婦職所應為者　姑母

無不竭力為之不可謂非人生之一樂事也時遷不齊命途多舛晚景之磨折苦不堪言他人處此尠

不萬事心灰矣　姑母呂七旬之衰邁仍受一家之責成修祖業于夜焚香朝夕禮拜心固有苦

中之苦而亦有樂中之樂即人亦憂為人上之人也璧呂姑姪之親率爾秉筆不知所云

甯遠府學增生胞姪羅　璧頓首拜撰

西昌縣學增生契晚陳光前沐手敬書

## 102. 诉讼简章碑

**形制：** 长条形，碑额阴刻"永垂万古"四个楷书大字。

**尺寸：** 高183、宽43厘米。

**石质：** 青石

**年代：** 清宣统二年（公元1910年）

**地点：** 碑原在普格县大水塘，现存凉山彝族奴隶社会博物馆。

**碑文：**

全省营务处统领保哨全军署理宁远府事调川补用府正堂加五级记录十次□为」示谕事。照得佐杂擅受本为例所不准。前奉督宪通饬，严禁本府以各属幅员辽阔，倘民间遇□诉讼……州县呈控，道里云遥，殊多不便。」经禀奉督宪批准。凡距厅州县窎远者，听民就近在于所属分驻衙门告理，当即转饬，遵照在案。惟访闻分驻衙……尤，不无婪索。若不明定章程，严」予限制，诚恐便民之举转以病民。兹拟简章四条，除分饬遵照外，合行示谕。为此示仰府属军民人等，一体遵照。后……倘有不肖书役人等，于简章所」定钱数外多取分文或另立名目，藉端需索，准予指名具控，以凭尽法严惩毋违，特示。」

计开简章四条：」

一户婚田土债□□项，听民就近在于厅州县分驻衙门控理，每递呈词一张，由递呈之人给房书登记笔墨钱壹百文。」

一每案只准□□□路在十里以内，原被告各给口食钱贰百文；十里以外，每十里加钱壹百文，至多不得过壹千文。其应给口食钱数，于唤票内注明，由原被告当同该地团保交付，不准私相授受。」

一控准唤讯之案□须勘验者，准于唤差外加派房书一名，所有原被告应给口食钱文与唤差，一律按里照算。其钱数仍于票内注名明。由原被告当同团保交付。至仅批勘验者，房书而外不得加派差役。」

一每案讯结后，□□原被由理曲者缴案费钱贰千四百文，理平者各缴钱一千二百文，和息者两造各缴钱六百文，均作本署办公费用。」

以上各□经此次明定章程之后，凡从前种种陋规一概永远禁革，所有笔墨等项不准于规定钱数之外多取分文，亦不准另立名目藉端需索，如违惩处不贷。」

宣统二年正月二十三日 告示　　大水塘街□绅粮首事等遵示众立。

**短评：**

　　清代凉山幅员广阔，交通不便，官府受理民间诉讼常被衙役人等借事勒索钱财，为杜绝此类事情发生，官府出示明文规定了有关民间诉讼所应交纳的各项费用，此碑对于研究清代基层政权的诉讼制度有一定参考作用。

102.
·
诉讼简章碑

## 103. 建修庙序碑

**形制：** 长方形，碑额阴线双勾楷书"万古不朽"四个大字。

**尺寸：** 高107、宽52厘米。

**石质：** 红砂石

**年代：** 清宣统二年（公元1910年）

**地点：** 碑现在会东县小田坝

**碑文：**

修建庙序」

尝闻"官清司吏瘦，神灵庙祝肥"，如我小田坝」观音石身有求必应，其神最灵。先年无有庙宇，安位土地祠。因光绪六」年二月初六日，滇山崩倒过江，阻断江水三天两夜，压绝者数十」家，易姓亦绝。有陆地壹型，于光绪廿六年，伊女施送入庙，被人捏」据易姓，得银多两，庙上去银一半赎回，犹如新买一般。接年租息」凑积，连前买庙租添补，始将大殿建修，无有余剩，未装修调脊，关」山古墓下村一概被压，惨不胜言。余约好善捐资，每年清明祭扫，」有名者请来坐席，无名者不准混吃。今将出功德芳名开列于后。

（以下捐银者姓名，略）

大清宣统庚戌年孟春中浣日立　督修李永正同侄建修李兴枝

**短评：**

　　清光绪六年二月初六日，位于金沙江东岸的云南巧家县石膏山发生山崩，垮塌的山体阻断金沙江，江水逆溢百余里，山崩不但阻断了江水，还"崩倒过江"将西岸会东县（其时属会理）大崇乡小田村"压绝数十家"，三日两夜后，江水才冲开堵壅山体重归故道。

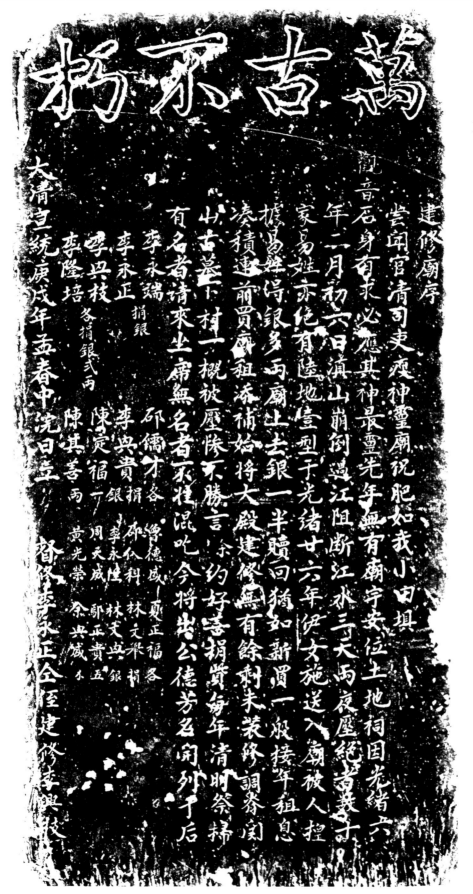

103.
建修庙序碑

建修庙序

尝闻官清司吏瘦神灵庙祝肥如我小田坝

观音石身有求必应其神最灵先年无有庙宇安位土地祠因光绪六

年二月初六日滇山崩倒过江阻断江水三寸天两夜压绝老幼妻子

家易姓赤绝有遂地壹型于光绪廿六年伊女施送入庙被人捏

据易姓得银多两庙止去银一半赎回犹如新买一般接年租息

凑积连前买庙租添补始将大殿建修无有余剩未装修调荃阁

山古墓卜村一概被压除不胜言　余约好善捐资每年清明祭扫

有名者请来坐席无名者亦难混吃　今将出公德芳名开列于后

李永端　捐银

李承正

李兴枝　各捐银贰两

李隆培

陈其善　两

邵儒才　各捐银

李典贵　银捐

陈定福一周天成　银五

　　　　邵正贵

曾德成一夏正福各

邵代科林文举捐

李永佳　余典诚　不

黄光荣

大清宣统庚戌年孟春中浣日立

督修李永正仝径建修李兴股

# 近现代碑刻

## 104. 提修中桥碑序碑

**形制：** 圆首长方形，碑额阴刻"亘古维昭"四个楷书大字。

**尺寸：** 高120、宽60厘米。

**石质：** 红砂石

**年代：** 民国三年（公元1914年）

**地点：** 碑下落不明，拓片存凉山州博物馆。

**碑文：**

　　提修中桥碑序

是桥也，远通滇境，近接建城，熙来穰往，络绎不绝，诚要津也。胡以中名，上接」海门[1]，下逮磁山[2]，而此适居其中故也。创自明初，原系徒杠，岁修月圮，后经朱」姓两次捐修，石完工备，非不永久。但邛海之患在纳奢吐约，此桥适当骶[3]门」间，近十余年来，东西长马嘶三河[4]往往同时暴发，致东河之水势不就下，逐」流倒灌，将河身淤高，桥梁日下，海水泛溢时涌，塞阻流势如骶门之痔。不特」使良田就淹，亦与行人不便，同人等病之。屡议提修，每因无款而止。辛亥夏，」海泛异常，正太守王幼农[5]先生下车协县令章勤生[6]勘灾至此，洞悉病源，乃」提倡此役。令禹王会拨款资助，升高码头，搭成石条，俾桥洞空阔，水易畅流，」田可复涸，人免其鱼，此皆同人等会议，王章两先生决也。不幸地方多故，至」壬子夏始兴工，癸丑春告竣，爰将提修缘因并捐资姓氏泐石以垂不朽。

（以下为募化监修人士姓名，略。）同立

**注释：**

[1]　海门　邛海出水口曰海河，在邛海西，水通安宁河。海河口曰海门口，有石桥，曰海门桥，位邻老海亭，中桥则在海门桥下游。

[2]　磁山　位于西昌市南约4公里，乃泸山西端余脉，北临海河，因为多烧窑之处，故名磁山。

[3]　骶　尻也，即尾椎。

[4]　东西长马嘶三河　"长"疑为"及"字，东河位于西昌城东，又名芦林沟、怀远河，发源于昭觉县碗厂乡，流至西昌张家屯注入海河，全长约四十二公里。西河位于西昌城西，又名宁远河，发源于喜德县西河乡，流至西昌长安村与南安河汇合后注入海河，全长约三十一公里。马嘶河（现名马石河）为海河的一条支流，发源于西昌北山，在西昌河东街南流入邛海，现西昌河东街尚有马石桥。

[5]　太守王幼农　太守为汉代官职，有清一代，复古风盛，雅称知府为太守。王典章，字幼农，三原人，清末任宁远府知府，曾参加镇压西昌张耀堂起义。

[6]　县令章勤生　章庆，字勤生，清末任西昌县知县，宣统三年，被西昌张耀堂起义军所杀。

**短评：**

　　该碑对于研究历史上邛海水系的水患具有一定的参考价值。

104·提修中桥碑序碑

# 105．邓文汉墓志

**形制：** 长方形，两通。
**尺寸：** 两通形制相同，高80、宽28厘米。
**石质：** 青石
**年代：** 民国五年（公元1916年）
**地点：** 现在冕宁县文家屯村
**碑文：**

仁棠讳文汉，字小溪，我邑之铁中铮铮者。幼庭训，已见」升堂，椿树忽殒，遂从察斋赵夫子。甫三年，黉宫[1]夺锦，」即桑梓振铎，意欲作育人材。但上进心虔，因赴蓉城锦」江院肄业，无如屡战未捷，又驰燕京，转旋甘肃。适有翰」林曹公者，延作西宾[2]。数载而金储千余，遵"新海防例"[3]，报」捐县丞，得署甘肃洮州县丞[4]，代理洮州同知厅，又特授」会宁，署理庆阳。虽宦迹数十年而心未尝一日忘母」也。乃托辞解组，奉养萱堂[5]，忠孝两全，可为兄贺矣！」富贵视若浮云，不贪位，不慕禄，尤为棣钦佩矣。堪幸者，」贤嗣鲁泉善理家政，日见丰隆。兄乃林泉自适，问安」有点额之乐，推食有含饴之欢。享年六十有九，福寿齐」辉，县中特出。握管而书，以铭不朽。」

前清候选训导同门小棣张镇中拜撰。」

长孙宗乙沐手跪书。」

民国五年季冬月廿六日

**注释：**

[1]　黉宫　古代称学校。

[2]　西宾　即幕府人员，又称"幕友"、"幕宾"、"天子"、"西席"、"师爷"。清代各级官员都有幕府人员，由幕主延聘，不属于国家行政系统。他们名义上"佐官为治"，实际上是"代官出治"。以非在官之人而理在官之事，无俸禄和工食银两，年终官员给予束修。幕友多是一些擅长刑律、能写会算、谙练宦海、智谋超人而又屡试不第的文人，幕友中的精英也有从幕入宦的，如左宗棠。

[3]　新海防例，即新海防事例。光绪十五年，海军衙门因为需款筹办海防，允许捐钱买官，称海防事例，有别于此前的"海防事例"（光绪十年，中法海战发生，彼时海防需饷浩繁，允许捐钱买官，以解决清廷财政困难，称"海防事例"

[4]　县丞　知县的佐贰官，正八品，分掌粮马、征税、户籍、缉捕诸职。

[5]　萱堂　母亲的卧室，常用代指母亲。

**短评：**

为解决国家财政困难，清朝廷经常卖官敛钱，清代捐官的名目很多，如"治理黄河"和此碑所提到的"新海防例"等。墓主邓文汉为捐官而获实职者，但通过捐官而得实职者不多。民间称捐官者为"捐班"，以区别于经过科举考试录取的"科班"。

105. 邓文汉墓志

## 106. 金母李太君墓碑

**形制：** 墓碑长方形，碑额阴刻"徽音宛在"四个楷书大字，两侧各有一长条形墓志。

**尺寸：** 墓碑高114、宽50厘米，墓志各高114、宽18厘米。

**石质：** 红砂石

**年代：** 洪宪元年（公元1916年）

**地点：** 碑现在冕宁县复兴镇建设村

**碑文：**

墓碑

洪宪元年丙辰岁仲春月吉立

## 金母李太君墓

庚山甲向　祀男印正　孙发川　曾孙（五人名，略）

墓志

尊太亲母李太君金老孺人墓志

丙辰之春二月既望，予以不敏之人设教于峡口初小学校，有金君泽之，职居学董，欢迎而请曰，先祖母弃世虽树」有碣，未能完善，其心弗安，今欲旧垒重新，聿展微忱，祈先生大笔以志之。予曰，不然，彤管扬休，非有伟」才者不能。晚也学识短浅，安能以袜线之才上表太亲母之美德，固辞者三。良久，泽君复有请曰，笔纸凝」烟云乃文人本领，先生何过谦之若是。况先祖母系陇西淑媛，自适先大父以来，端庄勤俭，家□为之振兴，田园」因而广拓，子一女二，慈爱兼备。厥后□先严见背，孙年方八岁，赖祖母躬亲抚养，送读完婚，常」领义方之训。遐想乌乌私情，不啻若晋李密祖母刘氏之贤。今读令伯《陈情表》，问心殊觉有愧。思无以」报，略将平生之实迹竖碑表墓，敢烦先生翰墨。昔欧阳子蓄道德，能文章，先生庶几近之。辞不允，谨将大」概陈之。噫，孺人乃在枝李公长女，廷秀金公德配，生于道光庚子，殁于光绪甲辰，享年六十有五，卜葬于跑马坟，今将马鬃崇」封，预卜兰芳桂馥，从此佳城永固，伫看凤起蛟腾。

宁远中学师范毕业峡口初小学校长再晚秦怀忠题

**短评：**

　　民国五年，袁世凯倒行逆施，复辟帝制，年号"洪宪"。孙中山在广州发起"二次革命"，全国各地纷纷响应，袁世凯被迫取消帝制，只当了八十三天的短命皇帝。清嘉庆年间，于府、厅、州、县之上设"道"，这一建制一直沿袭到清末。民国元年（1912年）袁世凯就任中华民国临时大总统，为削弱地方势力，加强北洋军阀的"中央集权"，于民国二年（1913年）推行"废省改道"，当时的西昌、德昌、冕宁属于上川南道，民国三年（1914年）又改上川南道为建昌道，受四川省节制。其时四川督军陈宧为袁世凯的铁杆拥护者，积极拥护袁复辟帝制，故在其统治区内出现了"洪宪"年号的墓碑。此类碑在德昌、冕宁都有发现，对于研究中国近代史具有一定参考价值。

106. 金母李太君墓碑

## 107. 兴政除苛碑

**形制**：长方形，碑额阴刻"兴政除苛"四个楷书大字。

**尺寸**：高150、宽79厘米。

**石质**：青石

**年代**：民国八年（公元1919年）

**地点**：碑现在德昌县小高乡普应寺

**碑文**：

靖国联军第七军[1]第一支队长兼摄西昌县知事徐[2]为示谕刊碑」

事案，据普应寺尼僧陈广定恳赏示谕刊碑永垂以杜后患一案，呈称情普应寺原系先师」祖悟真师父常玩先后齿积，自修庙宇，自置产业，每年收租除供香灯岁修外，僧等常住尚」不敷用，迄今相传数十年无异，僧于各县主任内已缕晰呈明在案。因被境内之鳄绅欺僧朴呐，藉端勒派，迭向搅扰，僧等受害难已枚举。由此贪心无厌，复藉学堂名目，蒙禀请提，已」沐前各县主饬查明确，僧等果系私产，兼无款可提，禀明在案。殊鳄绅觊觎不释，又蒙劝学」所禀请提拨。沐前王县主又饬令德昌县佐查明，据实禀明，立案可查。窃僧年衰性朴，遭此」蹂躏，受累不堪，今幸仁恩荣任，明查秋毫，抑强扶弱，只得恳赏作主，赏示刊碑，俾兹遵守，如」蒙允准顶祝不朽矣，伏乞赏准施行等情，据此当经本支队长批候赏示刊碑存案。出呈批」示外，合行刊碑示谕为此示。仰该地上下境内各界人等一体遵照。须知该普应寺原系该」尼僧陈广定先师祖悟真等自修庙宇，自置产业，自示勒石之后，不得藉事生端，妄请提拨，」以重庙祀而恤尼僧。其各凛遵毋违，特示。遵」　右谕通知」

布告」

中华民国七年四月廿八日 实刻普应寺尼僧陈广定徒子法孙等勒石勿损。」

中华民国八年岁次己未季春月望六日谷旦　立。

**注释**：

[1]　靖国联军第七军　民国六年（1917年），北洋军阀废除《临时约法》，解散国会。孙中山在广州成立军政府，宣布维护《临时约法》。1917年7月，云南督军唐继尧通电赞成护法，成立靖国军。同年12月，川、滇、黔三省军队成立靖国联军，推云南唐继尧为联军总司令，贵州督军刘显世为副司令，川军第五师师长熊克武为四川靖国军总司令。后来随着当时全国和西南地区政治军事形势的急剧变化，1920年，联军消散。靖国军成立之初，共有六个军。同年，驻守西昌的宁远屯殖使兼汉军统领张煦通电拥护孙中山，反对北洋政府，宣布西昌独立。唐继尧任命张煦为川南镇守使和靖国联军第七军军长。是年10月，北洋军阀的爪牙，时驻打箭炉（今康定）的川边镇守使陈遐龄派遣其"川边军"攻击靖国军，张煦战败，于次年元月自杀。

[2]　徐　即徐耀奎。民国七年（1918年）2月，郭昌明代理靖国军第七军军长，以所部团长（此碑为第一支队长）徐耀奎兼摄西昌县事。后徐、郭发生利害冲突，徐耀奎派兵绑架郭昌明，并将其财产洗劫一空。郭部闻讯与徐部激战，徐战败被杀，郭昌明又设计将徐部投诚官兵全部杀害，是为西昌民国初年著名的"徐耀奎团覆没"事件。

**短评**：

德昌、西昌地近云南，民国初年基本上属于滇军的地盘。民国初年西南军阀混战，军队掌握了其控制地区的军、政、财、文大权，此碑是证明当时在军阀的统治下，军人直接兼任地方行政长官的实物证据，后来这种统治方式发展成了四川军阀的防区制度。

107.
兴政除苛碑

興政除苛

靖國聯軍第七軍第一支隊長兼攝西昌縣知事徐為諭碑

事案據普應寺尼僧陳廣定恩賞示諭刊碑永垂八杜後患一葉呈福情普應寺恩係先師祖悟真師父常玩先後齒積自修廟宇自置產業每年收租除供香燈歲修外僧等常住尚不敷用途令相傳數十年無異僧於谷縣主任內已緩晰呈明在葉因被境內之鱘紳欺德已納藉端勒派速向攪僧等受害難勤呈枚舉由此貪心無厭復請提樓前委縣主飭令私產兼無款可提稟明在葉株鱘紳觀不釋又滕勤學適此所章請提撥沐前委縣主又飭令德昌縣佐查明實稟明立葉殊可查窃僧年衰性模適此躁詞受累不堪今幸仁恩榮任明察秋毫掃強扶弱只得懇賞作主賞示刊碑俾茲遵守如蒙免准頂祝不朽矢伏乞賞准施行等情據此尚經本支隊長批候賞示刊碑存葉除呈批而尼僧陳廣定先師祖悟真等自修廟宇自置產業白示勒石之後不得藉妻生端妄請提撥以重廟祀而恤尼僧其各凛遵毋違特示導

尼僧陳廣定先師祖悟真孝自修廟宇自置產業白示勒石之後不得藉妻生端妄請提撥以重廟祀而恤尼僧其各凛遵毋違特示導

佈告

右諭通知

中華民國七年四月廿八日

中華民國八年歲次己未季春月望六日穀旦

實刻普應寺尼僧陳廣定徒弟法陳等勒石刊損

立

## 108. 禁止毒河碑

**形制：** 长方形，碑额阴刻"禁止毒河碑"五个楷书大字。
**尺寸：** 高87、宽53厘米。
**石质：** 青石
**年代：** 民国十三年（公元1924年）
**地点：** 碑现在盐源县树河乡老街
**碑文：**

署理盐源县知事[1]监督学商农工各务周 」
出示严禁事。案据树瓦河[2]绅粮方在福、刘承元、罗成琮、刘子俊、刘拱宸、王治、王炜绍、」
刘芳、刘堃、刘心如、简明义、刘吉祥、张文礼、罗张氏、王培弟、王培修、王利贞、□桂贞、彭清修、廖□」等，为恳请禁止药毒江河以重生命一案，禀称情盐邑恶民习惯每年三四月之间河水涸辙，恶民私图渔□」毒药，使河内大小生灵无一活者，恶民因此取利。此等恶习于人民□□上及生命上有四种大害：一，此种毒水流□」，人民食之常得痢疾，其则重毒。二，此种毒死鱼鳞，毒透遍身，鳍尾皆红，人民购食亦得痢症，暑天更甚。三」，流入秧田，极坏秧母。上年秧母受症，下年必定歉收。四，此毒入水，各种鱼虫百万生命，人皆毒死，久则化为腐□」，食之无不生病。况近年疫症大行，此种恶习亦为瘟疫发生原因。谚云：民为立国之本，水为养命之源。绅等□」以邀集同志，一再磋商，惟有联名公恳县监督，出示晓谕各场市禁止药毒江河以清其源，预杜疫患，则人□」民幸甚，各种水族百万生灵均戴德靡□矣。为此恳请等情准此除批示，并刊碑以垂久远外，合行示禁。为」远近附近江河上下□□居民知悉，自示之后不准药毒江河，希图渔利，有害生命。倘再仍前□放，立即提案传□」凛遵，切切勿违，特示。」
　　　右谕　通
中华民国十三年三月初三日
告示

**注释：**

[1]　县知事　民国初年县一级政府的最高行政长官称县知事。
[2]　树瓦河　雅砻江的一条小支流，位于盐源县树河乡。

**短评：**

　　毒鱼乃严重破坏生态、贻害人类的行为，为杜绝这种行为，经民间士绅联名禀请官府，详细地总结了毒鱼所带来的四大害处，官府出示禁止，并说明百姓与官府在这点上形成了共识，共同维护良好的生存环境，这种良俗值得今人借鉴与继承。

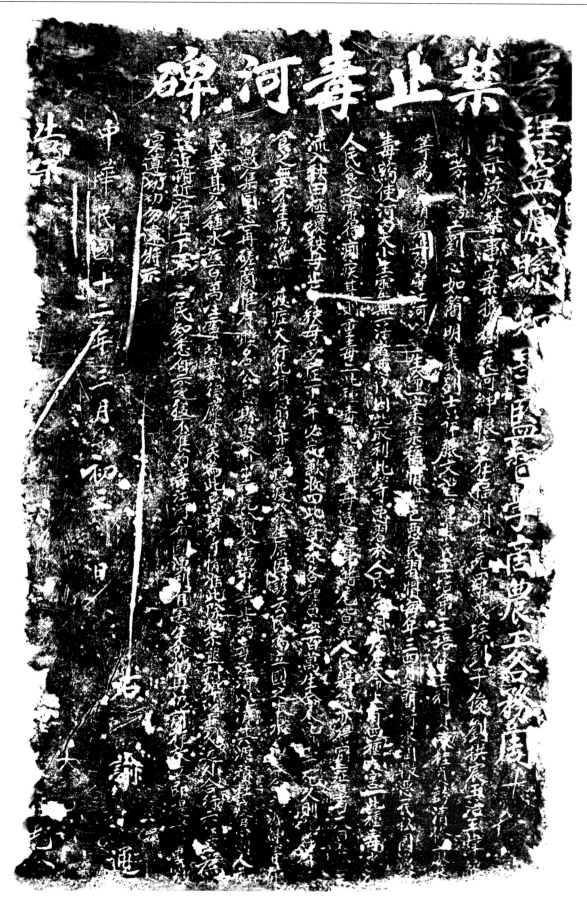

108·
禁止毒河碑

# 109. 李正龙[1]墓碑

**形制：** 长方形

**尺寸：** 高118、宽56厘米。

**石质：** 青石

**年代：** 民国二十四年（公元1935年）

**地点：** 碑现在冕宁县惠安乡迫夫村

**碑文：**

中华民国二十四年乙亥岁季冬月廿一日

前清世袭架州百户李公正龙墓

癸山丁向

（以下为子孙名，略）

**注释：**

[1] 李正龙，最后一代冕宁架州土百户。

**短评：**

冕宁为凉山藏族重要分布区，历史上曾有十四员西番苗裔的土司，即苏州土千户、架州土百户、糯白瓦土百户、苗出土百户、大村土百户、大盐井土百户、热即瓦土百户、中村土百户、三大枝土百户、现护窝卜土百户、河西土百户、虚郎土百户、白路土百户、阿得桥土百户。其中架州土百户"管西番寨落六处：架州、九卜、三代、察拉、桄格、小格达"，其先祖里五清康熙四十九年投诚受封为百户，后家族改姓李。其世系如下：

里五——那咱（乾隆时袭职）——李遵学（乾隆时袭）——李印春（嘉庆时袭）——李正龙（光绪时袭）。

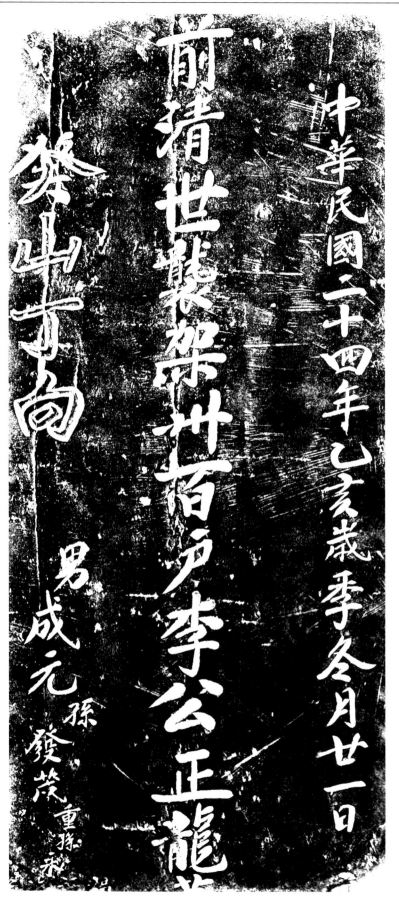

109.
李正龙墓碑

## 110. 陈仲华墓碑

**形制:** 长方形
**尺寸:** 高165、宽70厘米。
**石质:** 青石
**年代:** 公元1957年
**地点:** 现在冕宁县文家屯村
**碑文:**

始祖仲华大人者,祖蹟颍川,迁居建业。迨大明洪武,由江南而入西蜀,曰止曰时,筑室于兹。大人之勤俭」持家,温恭处世,广行阴骘,垂祐后昆者,洛不过耳闻大德,而非目睹典型也。第思自明洪武迄」今,上下六百余年,代传十八世。族内之移居外境者,户口难稽,即以本邑计之,已不下四五百家。溯」厥伊始,所以源远流长、枝繁叶茂者何,莫非大人之遗泽佑启后人,光我姚墟焉耳。在昔墓崩散加修理,讵料五二年八月地震,竟将碑墓一概震倒,碑石破碎,墓志消灭。博等恐后世子孙弗知先祖之谟」烈,爰是鸠工培补,重建碑铭,嘱洛作序。洛本寡闻,难辞其责,谨叙大概,聊以志墓云耳。

　　　　十四世孙光洛跪撰薰沐书

**始祖考陈公讳通字仲华老大人墓**

　　　　申山寅向

(以下子孙七人名,从略)

公元一九五七年丁酉岁农历三月初六日清明节

**短评:**

　　此碑记载了1952年冕宁地震,虽时代较晚,仍不失为安宁河谷历史地震的见证。据新编《冕宁县志·卷二·自然地理》(四川人民出版社1994年10月出版)载:"1952年9月30日20时52分(冕宁)石龙地震。震级6.7级,宏观震中在石龙、石头坝、中屯一带。全县死亡216人,轻重伤926人,死牲畜835头,倒塌房屋3980间,受严重破坏的6444间。"

110.
陈仲华墓碑

始祖考陳公諱通字仲華老大人墓

申山寅向

男志金　曾孫仕傑　玄孫多見
孫　闊　賢　舉

始祖仲華大人者祖蹟潁川王居建業……
拮家溫恭庶此廣行陰隲……
今上下六百餘年代傳十八世……
顧伊始所以源遠流長枝繁葉茂……
加修理諼料五二年八月地震竟將碑墓一概……
烈愛是鳩工培補重建碑銘嘯……

## 参考书目:

清　嘉庆《四川通志》

清　何东铭《邛嶲野录》，手抄本复印件。

方国瑜《彝族史稿》，四川人民出版社，1984年出版。

方国瑜《中国西南历史地理考释》，中华书局，1987年出版。

潘用良、胡琛主编《凉山地名词典》，成都地图出版社，1992年出版。

蒲孝荣《四川历代政区治地今释》简表（初稿），四川省哲学社会科学研究所印，（1978年5月）。

臧云甫、朱崇云《历代官制、兵制、科举制表释》，徐州师范学院历史系，1980年（内部发行）。

西昌市地名委员会《西昌市地名诠释》，1993年（内部发行）。

四川省会理县编纂委员会《会理县志》，四川辞书出版社，1994年。

四川省会东县编纂委员会《会东县志》，四川人民出版社，1996年。

《盐源县志》编纂委员会《盐源县志》，四川民族出版社，2000年。

四川省冕宁县地方志编纂委员会《冕宁县志》，四川人民出版社，1994年。

德昌县地方志编纂委员会《德昌县志》，四川人民出版社，1998年。

越西县地方志编撰委员会《越西县志》

# 后 记

　　《凉山历史碑刻注评》终于出版面世了。收录入这本书的每一通碑刻，虽然在书中只占了薄薄的一页，却是我馆许多同志辛勤工作的结果，因为每一通碑刻资料的取得和整理都要经过田野调查、拓片、装裱、摄影、识读、注释、短评若干个工作流程。刘弘、唐亮决定了本书的选题，撰写了编写大纲。唐亮、黄云松、王楠、补琦承担了碑刻的田野调查。陈云庚参加了部分碑刻的调查工作。拓片主要由张蓉传拓，参与拓片的还有阿木日富、伍科、马土哈和朱晓丹。陈云庚、邓天亮承担了大部分碑文的初步识读与断句工作。陈继红、郭玉华、陈蓉、贾丽、李媛承担了数次校对工作。唐亮负责了全部拓片的摄影。刘珂为本书查阅和收集了大量相关资料。刘弘负责对全部碑文的句读、注释和短评。

　　在调查和编辑过程中，我们还得到了凉山彝族奴隶社会博物馆、西昌市文管所、会理县文管所、德昌县文管所、冕宁县文管所、越西县文管所、昭觉县文管所、美姑县文管所、宁南县文管所、普格县文管所、会东县文管所、甘洛县文管所、盐源县文管所等兄弟单位的大力帮助。四川省文物局王琼局长和凉山州人民政府杨朝波副州长欣然为本书作序，在此我们衷心感谢领导和同行对我们的支持与帮助，同时也感谢文物出版社为出版本书所作的工作和努力。

　　由于这批碑刻的年代跨度达两千年，内容涉及到各个历史时期的方方面面，再加之我们的水平有限，在对碑文的识读、注释、短评中难免出现疏漏、缺失和错误之处，还望方家指正。

　　凉山的历史碑刻还有许多，继续寻找、收集和研究这些碑刻是我馆的职责所在，在收集到更多新发现的碑刻资料后，我们计划再次结集出版，尽量为凉山留下完整的历史碑刻资料。

编　者